설명하기 지친 사람을 위한 데이터

설명하기 지친 사람을 위한 데이터

발행일 ; 제1판 제1쇄 2023년 8월 2일
지은이 ; 스브스프리미엄 안혜민 발행인·편집인 ; 이연대
CCO ; 신아람 에디터 ; 정원진
디자인 ; 권순문 지원 ; 유지혜 고문 ; 손현우
펴낸곳 ; ㈜스리체어스 _ 서울시 중구 한강대로 416 13층
전화 ; 02 396 6266 팩스 ; 070 8627 6266
이메일 ; hello@bookjournalism.com
홈페이지 ; www.bookjournalism.com
출판등록 ; 2014년 6월 25일 제300 2014 81호
ISBN ; 979 11 983837 3 0 03300

북저널리즘은 환경 피해를 줄이기 위해
폐지를 배합해 만든 재생 용지 그린라이트를 사용합니다.

BOOK
JOURNALISM

설명하기 지친 사람을 위한 데이터

스브스프리미엄 안혜민

; 나와 다른 감수성을 가진 사람을 이해하는 데 데이터는 큰 힘이 된다. 마부뉴스의 데이터는 상대적으로 감수성이 풍부한 독자에게 "너의 행동이 유난이 아니다"라는 당위성을, 상대적으로 감수성이 부족한 독자에게는 "진실은 이렇다"라는 정보를 제공한다. 나와 다른 사람을 배척하는 게 익숙해진 오늘날, 마부뉴스는 데이터가 가진 객관성으로 이 틈을 메우고자 한다.

차례

프롤로그   감수성의 간극을 좁히는 데이터

하루에 쏟아지는 기사의 양은 얼마나 될까요? 문화체육관광부에서 운영하는 정기 간행물 등록 관리 시스템에 들어가면 우리나라에 등록된 언론사의 수를 확인할 수 있습니다. 이 글을 쓰는 2023년 7월 13일 오전 11시 기준으로 해당 시스템에 등록된 언론사는 모두 2만 2712개입니다. 이들 중 일부(54개) 언론사의 기사 데이터를 확인할 수 있는 한국언론진흥재단의 빅카인즈에서 전날 출고된 기사를 검색하니 1만 3063건이 나옵니다. 나머지 2만 2658개의 언론사가 아침, 점심, 저녁으로 기사 한 건씩만 작성한다고 치더라도 하루에 작성되는 기사 수는 8만 건이 넘습니다.

　이렇게 많은 언론사에서 만들어 내는 기사만 있을까요? 세상에 벌어지는 수많은 일은 언론사의 뉴스 외에도 유튜브 채널을 통해, 개인 SNS를 통해 가지각색의 모습으로 쏟아지고 있습니다. 정보가 너무나도 많다 보니 선뜻 손이 안 가게 될 때도 있습니다. 관심이 가고, 알고 싶은 마음은 들지만 어떤 걸 선택해야 할지 모르는 상황이 오기도 하고요.

　마부뉴스는 데이터로 세상을 설명합니다. 데이터는 명료합니다. 알고 싶은 주제를 이해하는 데 좋은 길잡이가 될 수 있습니다. 데이터가 가진 명료함의 힘을 믿기에, 마부뉴스는 전 세계에서 나온 뉴스와 보고서, 논문을 살핍니다. 주제를 가장 잘 설명할 수 있는 데이터를 고르고, 이 데이터를 가장 잘 설명할 수 있는 시각화 이미지를 만듭니다.

데이터와 함께 마부뉴스의 해설을 읽다 보면 흐릿했던 실루엣이 점차 선명해질 겁니다. 무언가를 제대로 알고 있다는 느낌이 들지 않아 짜증이 났다면, 혹은 어렴풋하게만 알고 있는 상황이 이어져 두렵다면 마부뉴스가 그 해결책이 될 수 있습니다.

데이터가 가진 또 다른 힘은 바로 객관성입니다. 서로 생각이 다른 건 무척이나 자연스러운 일입니다. 내가 당신이 아니듯 당신도 내가 아니니까요. 모든 일에 다름을 인정하고 시작한다면 세상 고민거리가 없겠지만, 어느 순간 우리 사회에서 관용과 배려를 외치는 목소리의 힘이 약해지고 있습니다. 나와 다른 사람을 배척하는 게 익숙해진 오늘날, 마부뉴스는 데이터가 가진 객관성으로 이 틈을 메울 수 있다고 생각합니다.

나와 다른 감수성을 가진 사람을 이해하는 데 데이터는 큰 힘이 됩니다. 어떤 주제가 누군가에게는 너무나 중요하지만, 또 다른 누군가에게는 그렇지 않을 수 있습니다. 서로 생각이 다르고 관심도, 민감도, 감수성에도 차이가 있을 테니까요. 대학교 입학을 앞둔 학생에게는 교육 이야기가 너무나 중요하지만, 직장인에게는 그러지 않을 겁니다. 미래를 위해 환경과 기후가 최우선인 사람이 있는 한편, 어떤 이에겐 먹고사는 게 더 우선일 수 있죠.

마부뉴스의 데이터는 상대적으로 감수성이 풍부한 독자에게 "너의 행동이 유난이 아니다"라는 당위성을, 상대적으로 감수성이 부족한 독자에게는 "진실은 이렇다"라는 정보를 제공합니다. 그렇게 감수성의 간극을 좁혀갈 수 있도록 노력하고 있습니다. 마부뉴스의 데이터가 쏟아지는 뉴스 속 민감한 사안에 대해 말할 수 있는 새로운 언어가 되길 바랍니다.

뉴스레터가 발송되기 전, 어느 독자보다 가장 먼저 글을 읽고 함께 고민해 왔던 역대 마부뉴스 인턴분들에게 특별한 감사의 마음을 전합니다.

1 데이터와 사회 ; 불안과 진실 사이

90년생은 국민연금을 못 받을까

제20대 대통령 선거의 첫 다자 토론은 투표일을 한 달 앞둔 2022년 2월에 열렸습니다. 네 명의 주요 후보가 모인 만큼 토론회에 국민의 이목이 집중됐습니다. 그리고 네 명의 후보가 같은 방향을 가리킨 주제가 하나 있었습니다. 바로 연금 개혁입니다. 안철수 후보가 포문을 열었습니다. "누가 대통령이 돼도 국민연금 개혁하겠다고 공동 선언을 하는 게 어떨까요."라고 제안한 겁니다. 이재명 후보가 "좋은 의견"이라고 화답했고 윤석열 후보도 "안 할 수 없다. 선택이 아니다."라고 이야기했습니다. 심상정 후보도 웃음으로 동의해 원론적으로 동의했습니다. 토론 이후 각 후보는 연금 관련 공약도 내놓았습니다. 국민연금이 고갈되면 90년대에 태어난 세대는 연금을 받을 수 없다는 기사가 쏟아지면서 이슈가 되기도 했죠. 질문으로 시작합니다. 정말 90년생부터는 국민연금을 한 푼도 못 받을까요?

알아 두면 쓸모 있는 국민연금 키워드

본격적인 국민연금 이야기를 시작하기에 앞서, 몇 가지 개념들을 정리합니다. 이 개념들을 알아 두면 국민연금 관련 기사를 읽을 때 훨씬 이해하기 편할 거예요. 오른쪽 그래프는 근로를 통해 소득을 얻고 9퍼센트의 보험료를 국민연금에 내는

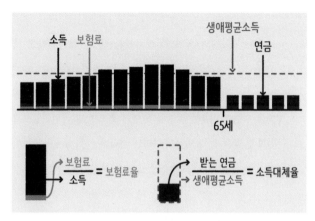

9퍼센트의 보험료를 내는 근로 소득자의 연소득
ⓒ일러스트: 안준석/마부작침

사람의 연소득입니다. 정년퇴직한 이후에는 국민연금을 받을 겁니다.

- 국민연금: 국민연금 제도를 한 문장으로 정리하면, 더 이상 일할 수 없는 노년이 됐을 때 연금을 지원하는 제도입니다. 퇴직하더라도 국민연금의 연금을 받으면서 노후 소득을 보장받는 거죠.
- 보험료율: 보험료율의 정확한 의미는 기준 소득 대비 보험료 납부액의 비중입니다. 국민연금에 내가 얼마를 내는지, 그 비율을 의미하죠. 이해하기 쉽게 설명하면, 매달 버는 소득에

서 얼마만큼을 국민연금에 내는지를 나타내는 겁니다. 보험료율이 높아지면 국민연금에 나가는 돈이 많아진다는 뜻이죠.

• 소득대체율: 소득대체율은 가입자의 생애평균소득 대비 연금 수령액 비율을 말합니다. 쉽게 풀어 보면 국민연금으로 얼마를 받는지, 그 비율을 나타낸 겁니다. 소득대체율이 높아지면 더 많은 돈을 국민연금으로 받을 수 있다는 거죠.

국민연금의 핵심 데이터는 인구

국민연금에서 가장 눈길이 가는 건 세 가지입니다. 우리가 얼마를 내는지, 얼마를 받을지, 그리고 언제부터 받을지. 각각 보험료율, 소득대체율, 수급개시연령이라고 하죠. 그런데 이세 가지는 국민연금 재정이 어떻게 유지되는지에 따라 달라집니다. 연금의 곳간이 넉넉하다면 덜 내더라도 상대적으로 더 많이 받을 수 있을 겁니다. 곳간이 텅 비었다면 연금에 돈을 더 내야 하고 덜 받게 될 겁니다.

국민연금의 수입과 지출에 가장 큰 영향을 주는 변수는 바로 인구입니다. 연금을 얼마나 오랫동안 받을 것인지는 평균 수명과 노년층 인구에 달려 있고, 연금에 돈을 낼 사람이 얼마나 되는지는 합계출산율과 생산가능인구(15~64세)에 달려 있거든요.

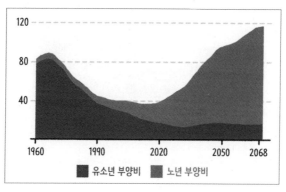

우리나라 연도별 부양비 전망치, 단위: 명
ⓒ일러스트: 안준석/마부작침

혹시 부양비라는 단어 들어본 적 있나요? 부양비는 생산가능인구 100명당 유소년 인구(14세 이하)와 노년 인구(65세 이상)의 비율을 의미합니다. 부양비가 높으면 높을수록 일할 수 있는 사람들의 부양 부담이 더 커진다고 볼 수 있죠.

위의 그래프는 우리나라의 연도별 부양비 전망치입니다. 그래프의 전반부, 즉 과거 시점에는 유소년 부양비를 나타내는 영역이 더 크죠. 출산율이 폭발적으로 증가했던 베이비붐 세대 때는 노년 부양비보다 유소년 부양비가 더 높은 게 당연할 겁니다. 하지만 2017년부터 역전되기 시작합니다. 출산율은 떨어지고 평균 수명이 늘어나면서 노년층의 비중이 커진 겁니다. 그러면서 노년 부양비가 급격하게 증가합니다.

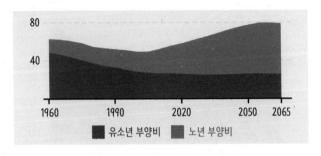

OECD 연도별 평균 부양비, 단위: 명 ⓒ일러스트: 안준석/마부작침

인구 추계에 따라 부양비를 계산해 볼까요. 2056년이
면 총부양비가 100명을 넘어서고, 2067년이면 노년 부양비
만 100명을 넘게 됩니다. 2070년에는 100명의 젊은 세대가
100.6명의 노년층을 부양해야 할 것으로 예측됐어요. UN은
이러한 예측보다 7년 앞선 2060년에 대한민국의 총부양비가
103.4명으로 100명을 넘어, 세계에서 가장 높을 것이라고 전
망하기도 했죠.

우리나라 부양비는 어느 수준일지, 통계청 데이터¹를
통해 OECD 국가의 부양비를 분석했습니다. OECD 국가의
평균 부양비를 그리면 위의 그래프가 나옵니다. 우리나라의
부양비 그래프와 모양이 많이 다르죠?

비슷한 부분이라면 역시 OECD 부양비도 과거에는 노
년 부양비보다 유소년 부양비가 높았지만, 어느 시점(2020년)

에 다다르면 역전된다는 점입니다. 하지만 우리나라와 비교해 노년 부양비의 비율이 적게 늘어나는 게 큰 차이라고 할 수 있습니다. OECD 평균 노년 부양비의 최대치는 53.5명, 우리나라의 거의 절반 수준이죠.

개혁이 필요한 국민연금

그렇다면 국민연금의 상황은 어떨까요? 2022년 기준, 우리는 소득의 9퍼센트를 국민연금에 내고, 국민연금을 받는 사람들은 소득의 43퍼센트를 연금으로 받고 있습니다. 2021년 11월 말 기준으로 국민연금에는 무려 924조 원의 기금이 쌓여 있습니다. 하지만 구조 자체가 내는 돈보다 더 많은 돈을 받는 구조다 보니 국민연금 곳간은 점차 줄어들 수밖에 없죠.

부양비 그래프를 보면 알겠지만 앞으로 연금을 받아야 하는 사람들은 늘어나고, 연금에 돈을 넣을 사람은 줄어드는 상황이 올 겁니다. 연금 재정이 고갈되는 속도는 빨라질 겁니다. 2017~2021년, 5년간 국민연금 가입자는 0.7퍼센트 증가했지만, 연금을 받는 수급자는 6.4퍼센트 증가했거든요. 속도가 다릅니다. 그리고 앞으로 이 차이는 더 벌어지겠죠.

이런 상황은 어제오늘 일이 아닙니다. 연금의 재정 상황을 주기적으로 확인하기 위해 법으로 정해 두고 5년마다 연금 재정을 계산해서 발표하는데요, 처음으로 연금 재정을 계산한 2003년에 이렇게 예측했습니다. 2036년에 국민연금이 적자로 돌아서고 2047년에 기금이 고갈될 것이라고요. 나머지 계산 결과는 아래와 같습니다.

> 2003년 1차 계산: 2036년 적자, 2047년 고갈
> 2008년 2차 계산: 2044년 적자, 2060년 고갈
> 2013년 3차 계산: 2044년 적자, 2060년 고갈
> 2018년 4차 계산: 2042년 적자, 2057년 고갈

2차 계산에선 1차보다 적자와 고갈 시점이 미뤄졌고, 4차 계산에선 3차보다 그 시점이 앞당겨진 걸 알 수 있습니다. 2003년에 처음으로 연금 곳간 상황을 계산해 보니, 생각보다 좋지 않았던 겁니다. 정부 입장에는 발등에 불이 떨어진 거죠. 당시 노무현 정부는 연금 곳간을 더 채우는 방향으로 연금 개혁을 했습니다. 핵심은 소득대체율을 인하하는 것, 즉 연금을 덜 받는 방향으로 정책을 손을 본 겁니다.

2차, 3차, 4차 계산 결과가 나올 당시, 정부는 연금 개혁을 하지 않았습니다. 국민 반발이 심할 게 뻔히 보이니 쉽게 손대지 못한 거죠. 그래서 2차와 3차 사이에는 정책 변화가 없었고, 계산 결과가 동일하게 나온 겁니다. 4차 역시 정책 변화는 없었지만 출산율이 급격하게 줄어들고 기대 수명이 늘

어난 영향으로 시점이 앞당겨졌습니다.

정말 90년생부터는 한 푼도 못 받나

국민연금 고갈의 영향은 1990년생부터 받게 되는 걸까요? 우
선 90년생부터 국민연금을 단 한 푼도 못 받는다는 말이 왜
나오게 됐는지 살펴봅니다. 정부뿐만 아니라 학계나 연구소
도 국민연금이 언제 고갈될지 예측하는 논문이나 보고서를
내놓고 있습니다. 2020년 국회예산정책처가 국민연금 재정
을 전망한 결과[2], 적자 시점은 2039년, 고갈 시점은 2055년이
었습니다. 2018년 정부의 계산 결과보다 2~3년 더 단축된 시
점입니다.

2022년 초 한국경제연구원은 예산정책처의 보고서를
바탕으로 보도 자료[3]를 하나 냅니다. 고갈 시점으로 예측된
2055년부터 연금 수령 조건을 충족하는 1990년생은 국민연
금을 받지 못할 수 있다고 말입니다. 이 보도 자료를 바탕으로
관련 기사들이 쏟아진 겁니다. 그런데 이 이야기, 사실일까요?

그렇진 않아 보입니다. 국민연금 곳간이 고갈되더라도
연금은 여전히 지급할 수 있거든요. 쌓아 둔 돈에서 연금을 주
는 적립식이 아니라 그해에 거둔 금액을 바로 연금으로 지급
하는 부과식으로 바꾸면 해결되죠. 다만 그러기 위해선 연금
이 고갈된 이후의 미래 세대가 국민연금에 더 많은 돈을 내야

합니다. 한국경제연구원 보도 자료도 2055년 이후 연금을 지급하기 위해선 보험료율을 확 올려야 한다고 언급합니다. 그렇다면 보험료율은 얼마나 올려야 할까요? 오른쪽 그래프를 보면 답이 나옵니다.

2019년 기준으로 대한민국 근로 소득자의 중위 소득은 234만 원입니다. 이를 기준으로 계산할 때, 국민연금의 보험료율을 9퍼센트로 유지한다면 근로자가 매달 내야 하는 돈은 21만 600원입니다. 하지만 곳간이 텅 비게 된다면, 2057년엔 보험료율을 24.6퍼센트로 올려야만 연금을 지급할 수 있습니다. 그렇게 되면 근로자는 매달 57만 5640원을 내야 하는 거죠. 2088년까지 보험료율을 최대 29.7퍼센트로 올린다면 근로자는 월 70만 원 가까운 돈을 국민연금에 내야 하는데, 과연 이걸 반기는 미래 세대가 있을까요?

결국 단계적으로 보험료율을 높이는 방향으로 가야 하지만 어느 누구도 먼저 이야기를 안 하고 있습니다. 국민연금에 돈을 더 내야 한다고 하면 국민 반발이 심할 테니까요. 1989년 이래로 30년 넘게 9퍼센트의 보험료율을 유지하고 있는데, 그 폭탄 돌리기가 아직도 끝나지 않고 이어지는 겁니다. 그리고 여파는 막 국민연금을 내기 시작한 2030세대에까지 미치고 있죠.

인구의 영향이 큰 만큼, 인구 구조가 개선되면 굳이 보

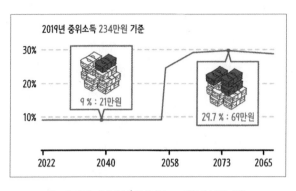

보험료율 인상 시나리오[4] ⓒ일러스트: 안준석/마부작침

험료율을 높이지 않아도 해결할 수 있지 않을까요? 출산율이 높아지면 인구가 늘어나고 국민연금을 내는 사람이 늘어나니 곳간 고갈 시기가 더 늦어질 테니까요. 하지만 출산율과 연금의 관계가 단순하지 않습니다. 당장 지금부터 출산율이 급증해서 제2의 베이비붐 세대가 생겨났다고 가정해 볼게요. 젊은 시절에는 국민연금에 많은 돈을 내겠지만, 이 세대가 나중에 나이 들어서 노년층이 된다면 어떻게 될까요? 국민연금을 받는 사람이 더 많아지는 겁니다. 처음 그려 놓은 부양비 그래프에서 노년 부양비가 급증한 이유도 마찬가지죠. 과거 베이비붐 세대가 그대로 노년층으로 들어왔기 때문이거든요. 인구 증가가 궁극적으로는 연금 재정에 부정적인 영향을 미칠 수 있다는 겁니다.

역린을 건드리는 자, 누구일까

일찍이 연금 제도를 운영해 온 서방 국가도 비슷한 문제에 직면했습니다. 그들은 어떻게 해결했을까요? 독일은 2001년 소득대체율을 70퍼센트에서 53퍼센트로 낮췄고, 2025년까지 48퍼센트를 유지하는 정책을 내놓았습니다. 2022년 보험료율은 18.6퍼센트를 기록했죠. 일본은 2003년 13.6퍼센트였던 보험료율을 2017년까지 단계적으로 올려 18.3퍼센트로 맞췄습니다. 캐나다도 1995년 5.4퍼센트였던 보험료율을 2003년 9.9퍼센트로 높였고 2023년까지 11.9퍼센트로 높이겠다고 했습니다. 다른 국가들과 비교하면 우리나라의 보험료율은 상당히 낮은 축에 속합니다. 오른쪽 그래프를 보면 알 수 있죠.

물론 해외 선진국의 정부들도 정치적 부담을 안 느끼는 건 아닙니다. 그래서 아예 정치가 끼어들 여지를 두지 않는 제도를 만들었죠. 독일, 스웨덴, 일본은 연금에 영향을 미치는 인구, 성장률 등의 수치가 변하면 자동으로 연금 수급액이 조정되는 제도를 마련했습니다. 일종의 자동 안정화 장치를 도입한 겁니다. 연금 제도가 국민 여론에 부담을 받지 않도록 독립된 제도로 분리해 놓은 거죠.

반면 우리나라는 모두가 연금 고갈 문제를 해결하기 위해 변화가 필요하다고 생각하면서도, 정치권이 선뜻 나서기

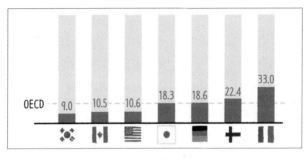

주요 국가 보험료율, 단위: 퍼센트[5] ⓒ일러스트: 안준석/마부작침

어려운 상황입니다. 국민연금에는 여러 이해관계가 얽혀 있는 탓에 정치적 부담이 큰 만큼 먼저 역린을 건드리려 하지 않습니다. 하지만 그렇게 차일피일 미루다 보면 피해를 보는 건 국민이 될 겁니다.

말도 많고 탈도 많은 국민연금에 대해 살펴봤습니다. 국민연금 개혁은 어떤 방향으로 가야 한다고 생각하나요? 더 내고 더 받는 방향으로 가야 할까요? 아니면 덜 내고 덜 받는 방향이 맞을까요?

미디어는 자살률을 증가시켰을까

2023년 상반기 포털을 채운 뉴스를 보면, 안타까운 이야기를 다루는 경우가 많습니다. 학교 폭력의 피해자가 용기를 내서 학교 폭력의 실태를 폭로했지만, 도리어 피해자가 극단적인 선택을 했습니다. 전세 사기 피해를 본 사람들이 극단적 선택으로 사망하기도 했습니다. 무대를 빛내던 아이돌 가수가 사망하면서 추모 공간이 조성되기도 했습니다. 조금은 무거운 주제인 '자살'에 대해 이야기해 봅니다. 미디어에서 다뤄지는 자살에 대해 생각해 볼 지점이 있어 질문을 던져 봅니다. 언론과 미디어는 자살률을 증가시켰을까요?

이번 장에서 특정 사건을 언급하게 될 경우, 자살이라는 직접적인 표현은 지양합니다. 대신 객관적인 사망 사실에 초점을 둔 표현으로 대체합니다. 다만, 자살률과 같이 통계적으로 관련 수치를 인용할 때는 자살이라는 단어를 사용합니다.

우리나라 자살률은 OECD 중 압도적 1위

우리나라 자살률이 높다는 이야기는 많이 들어 봤을 겁니다. 정확한 상황을 파악해야만 제대로 문제를 풀 수 있는 만큼, 우리나라 자살률이 얼마나 심각한 상황인지 데이터를 통해 정리했습니다. 살펴볼 통계는 '2021년 사망원인통계'입니다. 이 통계를 살펴보면 2021년 한 해 동안 사망한 사람들의 연령대는 어떠한지, 원인은 무엇인지 확인할 수 있습니다.

2021년 총 사망자 수는 31만 7680명입니다. 1983년부터 사망원인통계를 집계한 이래로 가장 많았습니다. 그중 고의적 자해, 즉 자살로 사망한 사람은 1만 3352명으로 집계됐습니다. 하루에 평균적으로 36.6명이 극단적 선택으로 사망했다고 볼 수 있겠죠. 전체 사망 원인 중 자살의 순위는 암, 심장 질환, 폐렴, 뇌혈관 질환에 이어 5위입니다. 상당히 심각하죠. 인구 10만 명당 자살로 사망한 사람의 비율(자살률)을 살펴보면 26.0명인데, 이 수치는 고혈압의 사망률(12.1명)과 패혈증의 사망률(12.5명)을 합친 것보다 많습니다.

연령별로 보면 자살의 심각성이 더 눈에 띕니다. 10대부터 30대까지 사망 원인 1위가 자살이었습니다. 10대 사망자의 43.7퍼센트, 20대 사망자의 56.8퍼센트, 30대 사망자의 40.6퍼센트가 극단적 선택으로 사망했습니다. 과거 데이터와 함께 살펴보면 더 씁쓸해집니다. 2010년 통계에서도 10~30대의 사망 원인 1위는 자살이었습니다. 2000년대 통계를 봐야, 사망 원인에서 자살의 순위가 내려갑니다. 참고로 2000년 10대, 20대의 사망 원인 1위는 운수 사고였고 30대는 암이었습니다. 당시 자살은 10대와 30대에선 3위, 20대에선 2위를 기록했습니다.

이번엔 다른 국가와 비교해서 우리나라의 자살률이 어느 수준인지 살펴봅니다. OECD 국가들과 비교해 보면 우리나라 자살률은 압도적인 수치로 1위를 기록하고 있습니다. 뒤에 나오는 그래프는 표준 인구로 계산해 OECD 회원국의 자살률을 나타낸 건데, 2020년 기준 우리나라가 24.1명으로

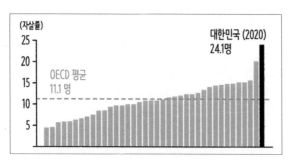

(자살률)
25
20
OECD 평균
11.1 명
15
10
5

대한민국 (2020)
24.1명

OECD 자살률 현황[6] ©일러스트: 안준석/마부작침

압도적 1위입니다. OECD 회원국 평균 자살률인 11.1명의 두 배 가까운 수치죠.

우리나라가 OECD에 가입한 1996년 이후 데이터를 살펴봐도 2003년부터는 계속해서 자살률 1, 2위를 다투고 있습니다. 우리나라와 안 좋은 순위 1, 2위를 다투는 국가는 바로 리투아니아입니다. 발트 3국 중 하나인 리투아니아는 자살 문제가 심각해서 '절망 바이러스가 퍼진다'는 이야기가 나올 정도입니다. 그리고 우리나라는 리투아니아와 어깨를 나란히 하고 있습니다.

남성과 여성 중 자살률이 더 높은 성별은 무엇일까요? 성별로 살펴보면 우리나라 남성 자살이 여성보다 2.2배 높게 나타납니다. 하지만 자살 시도자를 살펴보면 여성이 남성보다 1.8배 더 많습니다. 전문가들은 이러한 차이를 자살 수

단의 치명률 차이로 해석하고 있습니다. 물론 남성 자살률보다 여성 자살률이 낮다고 해서 그 무게감이 덜하다고 할 순 없습니다. 우리나라 여성 자살률은 타 국가들과 비교했을 때 압도적으로 높은 상황입니다.

자살은 공중 보건의 위기

대한민국의 자살 통계를 보고 어떤 마음이 드나요? 자살이라는 주제 자체가 가볍지 않다 보니 약간 께름칙한 느낌이 들지 않을까 걱정이 되기도 합니다. 사실 우리는 자살에 대해 쉬쉬하고 밖으로 드러내지 않으려는 경향이 있거든요.

2018년에 진행된 자살 실태 조사[7]를 보면 자살에 대한 금기적 태도가 이전 조사보다 늘어난 경향을 보였습니다. 자살에 대한 이야기는 하지 않는 편이 낫고, 다른 사람의 자살에는 간섭하지 말아야 한다는 의견이 많았죠. 특히 "자살은 말하지 않아야 하는 주제이다"라는 질문에 동의하는 사람들이 절반에 가까운 48.5퍼센트나 됐습니다. 반면 동의하지 않는 사람은 30.6퍼센트에 불과했죠.

그럼에도 불구하고 자살에 대해 이야기하려는 건 자살을 막기 위해서 우리 모두의 노력이 필요하기 때문입니다. 보건복지부가 2015년부터 2021년까지 7년간 자살 사망자들의 유족들을 대상으로 조사한 결과를 보면, 자살 사망자의 94퍼

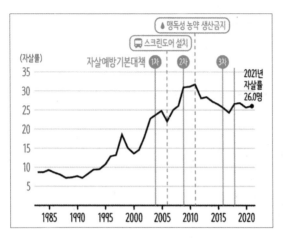

자살예방기본대책과 연도별 자살률 ⓒ일러스트: 안준석/마부작침

센트가 사망 전에 경고 신호를 보내 왔습니다. 자살 시도자를 대상으로 진행한 조사에서도 응답자의 35.8퍼센트가 도움을 얻으려고 자살을 시도했다고 답변했죠.

자살은 주변의 관심과 도움으로 충분히 예방할 수 있습니다. 그런 의미에서 자살은 공중 보건 차원의 접근이 필요합니다. 공중 보건이라는 건 지역 사회의 노력으로 질병을 예방한다는 의미입니다. 단순히 자살을 시도하는 사람의 책임으로만 두는 게 아니라 주변 사회가 나서서, 또는 국가가 나서서 이들을 자살로부터 보호하고 예방할 필요가 있다는 겁니다. 그 시작은 정확한 실태 파악과 통계 작성일 겁니다. 정확한 상황을 파악해야 제대로 된 정책과 제도가 나올 테니까요.

정부는 이렇게 조사된 통계와 실태 자료를 바탕으로 2004년 제1차 자살예방기본대책을 수립해 자살을 막기 위한 제도적 뒷받침을 마련했습니다. 뒤이어 2009년엔 2차, 2016년 3차 대책을 마련했고, 2023년부터 2027년까지 제5차 자살예방기본계획이 진행됩니다. 예방 대책에 발맞춰서 2006년엔 지하철에 스크린 도어를 설치했고, 2011년엔 맹독성 농약 생산을 금지했습니다. 그 영향으로 우리나라 자살률은 2011년에 정점을 찍고 줄어들었습니다.

2011년에 자살예방법이 통과되고, 이듬해에 중앙자살예방센터가 신설됐지만 갈 길이 멉니다. 정점은 지났다고 하지만 여전히 26.0명이라는 압도적인 자살률로 OECD 국가 중 1위를 기록하고 있으니까요. 게다가 여태껏 정부가 세워온 자살예방기본대책의 목표치에 머문 적이 단 한 번도 없다는 사실. 1차 대책 때 목표 자살률은 18.2명이었지만 결과적으로 1차 이후 우리나라 자살은 여전히 30명대입니다. 2차와 3차 때도 목표치와 실제 자살률과 차이는 상당했죠. 그럼에도 불구하고 차수가 늘어나면서 자살률 자체가 줄어들고 있다는 건 긍정적으로 평가할 수 있을 겁니다.

자살 예방을 위한 미디어의 역할

제도적인 뒷받침과 함께 노력해야 하는 곳이 또 있으니 바로 미디어입니다. 자살 관련 보도가 자살에 미치는 영향이 상당하거든요. 베르테르 효과라는 말 들어 본 적 있나요? 베르테르 효과는 사회적으로 유명한 사람의 자살 보도가 이어진 후 심리적으로 동조하거나 모방 자살 시도가 잇따르는 현상을 의미합니다.

데이터로 미디어가 자살에 미치는 영향을 확인해 봅니다. 오른쪽 그래프는 삼성서울병원 연구팀에서 분석한 자료를 바탕으로 그린 그래프입니다. 연구팀은 2005년부터 2011년 사이에 발생한 유명인 자살 사건을 대상으로, 관련 보도가 나간 후 한 달 동안 일반인들의 자살률을 계산했습니다. 유명인이 사망하기 직전 한 달 평균치와 비교해 보니 평균 18퍼센트가 증가한 것으로 나왔죠. 그래프를 보면 2012년 이전까지는 한 달간 일반인들의 자살 건수가 상승하는 추세가 뚜렷합니다.

우리나라 사례에서만 베르테르 효과가 분석된 건 아닙니다. 과거 장국영의 사망 이후를 분석한 논문 자료 〈The effects of a celebrity suicide on suicide rates in Hong Kong〉[8]도 있습니다. 당시 장국영 사망 이후 홍콩에서 발생한 자살은 이전 5년 평균보다 56퍼센트 증가했습니다. 아직도

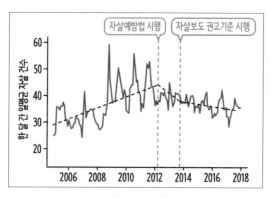

자살예방법 및 자살보도 권고기준 시행 전후 일반인 자살률 변화[9]
ⓒ일러스트: 안준석/마부작침

일부 뉴스에는 자살 사건을 적나라하게 묘사하는 표현이 담겨 있기도 하지만, 과거엔 더 심했습니다. 통제되지 않은 보도로 제2의, 제3의 자살 시도자를 양산했던 상황이 데이터로 증명되는 겁니다.

모방 자살의 문제가 심각해지자 정부에선 자살 예방을 위해 자살예방법을 제정했습니다. 그리고 2013년엔 언론사들이 자살 보도 권고 기준을 정하고 사회적 책임을 다하기 위해 노력하기 시작했죠. 잘못된 자살 보도로 사람을 죽게 할 수 있기에, 자살 보도 방식을 바꿔 소중한 생명을 구하려고 한 겁니다. 그래프를 통해 2012년 3월 자살예방법 시행 이후, 2013년 9월 자살 보도 권고 기준 시행 이후 일평균 자살 건수가 줄어드는 걸 볼 수 있습니다. 미디어가 노력한다면 자살 예방에 도움을 줄 수 있다는 걸 확인한 셈입니다. 이런 효과를 파파게노 효과라고 합니다.

하지만 2018년 이후, 어떻게 흘러가고 있을까요? 우리는 2010년 후반부터 훨씬 더 많아진 미디어 채널을 통해 뉴스를 접하고 있습니다. SNS나 유튜브도 그 통로 중 하나일 거고요. 정보를 전달하고 뉴스를 제공하는 언론 역할을 하는 채널은 많아졌습니다. 하지만 모든 채널이 사회적 책임을 다하고 있다고 보긴 어려운 상황입니다. 2023년 4월, SNS를 통해 극단적 선택을 시도하는 모습이 생중계되는 상황이 발생하기도 했습니다.

사회적 책임에 손 놓는 SNS?

미디어를 통해 전해지는 자살을 유발하는 정보는 모방 자살의 원인으로 작용할 수 있습니다. 앞에서 뉴스가 베르테르 효과에 얼마나 기여하는지 살펴봤습니다. 문제는 SNS나 유튜브, OTT 등 새로운 통로가 늘어나면서 자살 유발 정보의 양이 급속도로 늘어났다는 상황이라는 점입니다. 2017년에 복지부에 신고된 자살 유발 정보는 3만 1483건이었는데, 2022년엔 그 양이 23만 4064건으로 급증했습니다.

넷플릭스의 〈루머의 루머의 루머〉라는 드라마 본 적 있나요? 청소년의 자살로 시작되는 시리즈인지라 당연히 청소년 관람 불가 등급을 받았습니다. 〈루머의 루머의 루머〉가 방영된 이후 자살 관련된 검색량이 19퍼센트나 늘어났습니다. 방영 3개월 뒤 미국 청소년 자살률은 무려 30퍼센트 증가했죠. 극단적 선택을 시도하는 모습이 드라마에 그대로 들어가면서 자살 예방 단체의 비판을 받기도 했습니다. 넷플릭스는 해당 영상을 편집하는 것으로 마무리 지었습니다. OTT 접근성이 극도로 높아진 오늘날, 자살과 관련된 콘텐츠를 만들 땐 충분한 고민이 필요해 보입니다.

OTT뿐만 아니라 SNS의 상황도 돌아봐야 할 겁니다. SNS에 쓰는 시간이 많으면 많을수록 타인에 대한 질투, 박탈감을 느낀다는 연구 결과[10]가 있습니다. 굳이 자세한 연구 결과를 꺼내 오지 않더라도 SNS를 하다 보면 어딘가 모르게 우울한 느낌을 받아 본 적 있을 겁니다. 거기에 유사한 콘텐츠를 제공하는 알고리즘의 영향으로 우울한 글과 영상, 사진을 보던 이용자가 계속해서 비슷한 콘텐츠에 노출되면 어떻게 될까요? 상황이 심각해질 수 있습니다. 우울증으로 힘든 사람에게 '당신이 좋아할 만한 우울증 콘텐츠'를 추천해 준다고 생각해 보세요.

실제 2017년 핀터레스트와 인스타그램에서 우울증, 자해 관련된 콘텐츠에 노출된 영국 청소년이 사망했습니다. 영국 법원은 SNS 플랫폼에 사망의 책임이 있다고 판결했죠. 인스타그램은 "자살 충동을 겪는 이가 자유롭게 목소리를 낼 기회를 주는 것이 중요하다"고 언급하면서 반발했습니다. 사건 이후 SNS에서 자해, 자살 콘텐츠를 찾아보기 어렵게 고쳤다고 하지만, 여전히 자해와 자살 관련 콘텐츠는 SNS에서 쉽게 찾아볼 수 있는 상황입니다.

OTT와 SNS는 표현의 자유, 개인의 선택이라는 방패를 들고 책임을 회피하고 있습니다. 하지만 자살이라는 건 공중보건 차원에서 접근해야 하는 성격도 있는 만큼 해당 기업들이 사회적 책임을 다하는 모습이 더 필요하지 않을까요. SNS 이용자의 자율이 더 중요한 가치일까요? 아니면 자살 보호를 위한 규제가 더 중요할까요?

군중이 군중을 삼켰다

2022년 10월 29일 토요일 밤, 이태원에서 안타까운 참사가 발생했습니다. 해밀톤 호텔 옆 작은 골목에 핼러윈 축제를 즐기려는 수많은 인파가 한꺼번에 몰리면서 159명의 사망자와 196명의 부상자가 나왔습니다. 이번 장에서는 당시 얼마나 많은 사람이 이태원 골목에 모여 있었는지, 왜 안타까운 참사가 발생할 수밖에 없었는지 데이터를 통해 살펴봅니다. 그리고 우리가 미처 놓치고 있었던 대규모 군중 밀집 현상에 대해 알아봅니다.

얼마나 많은 사람들이 몰렸을까

이태원에 사람들이 얼마나 몰렸는지 살펴보기 위해 여러 데이터를 찾았습니다. 군중 규모를 파악하기 가장 좋은 데이터는 서울시에서 제공하는 생활인구 데이터일 겁니다. 생활인구 데이터는 서울시와 KT가 공공데이터와 통신 데이터를 이용해서 특정 지역과 시점에 존재하는 인구를 추계한 데이터입니다. 보통 시위 규모나 유동 인구 분석에 많이 쓰이죠. 하지만 생활인구 데이터는 집계구와 행정동 단위로 수집하기 때문에 군중의 밀집도를 나타내기 어렵다는 문제가 있습니다.

그래서 이번엔 생활인구 데이터 분석이 아닌 다른 분석 방법을 사용했습니다. 마부뉴스가 선택한 방법은 바로 딥러닝입니다. 많은 인파가 몰리면서 발생한 참사인 만큼 인파 규모를 파악할 수 있는 이미지를 통해 군중의 수를 추정하는 딥러닝 분석을 사용했습니다. 클라우드 카운팅 모델Crowd Counting Model 등 군중 규모를 파악하는 딥러닝 기술이 꽤 나오고 있거든요. 그중 2017년 8월에 발표된 'crowdcount-cascaded-mlt'라는 모델을 이용해 이태원 군중의 수를 파악했습니다. 모델을 통한 추정인 만큼 실제 수치와 오차가 발생할 수 있습니다. 또 어두운 색의 옷을 입은 사람들이 모인 밤 상황이라

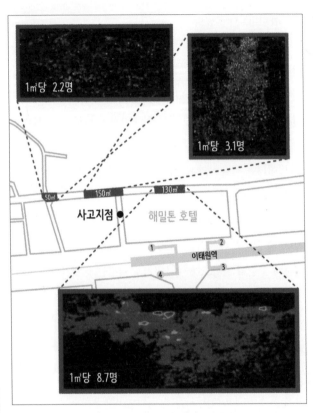

1㎡당 2.2명

1㎡당 3.1명

50㎡ 150㎡ 130㎡

사고지점 ● 해밀톤 호텔

1

2

이태원역

3

4

1㎡당 8.7명

군중 수 모델 분석 ⓒ일러스트: 안준석/마부작침

원래 군중 규모보다 적게 나올 가능성도 있습니다.

당시 현장 상황이 담겨 있는 이미지를 분석해 지도로
나타냈습니다. 위의 이미지는 사고가 나기 직전 해밀톤 호텔

별관에 있는 데이앤나잇DN 앞의 모습입니다. 이 이미지로 군중 규모를 분석하면 1133명이란 추정치가 나오죠. 네이버 지도에서 해당 영역의 면적을 계산하면 약 130제곱미터가 나오는데, 단위 면적으로 계산하면 1제곱미터당 8.7명으로 상당히 위험한 상황이라는 걸 알 수 있습니다. 나머지 구역의 추정 인구는 각각 466명과 112명. 보수적으로 추정된 숫자라 하더라도 좁은 영역에 굉장히 많은 사람이 몰렸다는 걸 알 수 있죠.

군중 사고 전문가인 영국 서퍽대학교의 키스 스틸 교수는 1제곱미터당 5명을 넘어서면[11] 군중 사고 위험성이 커진다고 이야기합니다. 1제곱미터당 3.5~4명이면 그래도 걸을 때 앞뒤로 다리가 걸리지 않아 각자 360도를 움직일 수 있습니다. 하지만 1제곱미터당 5명을 넘어서면 움직임의 자유가 없어지면서 뒤엉키기 시작하죠. 마부뉴스 분석의 밀집도는 최대 8.7명이니 상황이 정말 심각했던 겁니다. 마부뉴스 분석보다 더 높은 군집도가 나온 결과도 있습니다. 1제곱미터당 최대 16명이 밀집해 있는 것으로 보인다는 분석도 나왔습니다.

군중 사고는 후진국형 사고가 아니다

"과연 이게 21세기 대한민국에서 일어날 수 있는 사고인 걸까……." 사람들 대부분이 이태원 참사 소식을 들었을 때 가

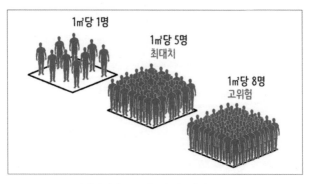

군중 규모 분석 ⓒ일러스트: 안준석/마부작침

졌던 느낌이 아닐까 싶습니다. 모두 비슷한 마음이었을 것 같고요. 하지만 전문가들은 압사 사고는 언제 어디서나 일어날 수 있는 사회적 재난이라고 경고합니다. 물론 선제적으로 관리하지 못한 부분에서 후진국형 사고라는 지적도 있지만, 인구가 늘어나면서 혹은 대도시로 인구가 몰리면서 군중 압사 사고의 발생 가능성은 더 커질 거라고 전문가들은 이야기합니다.

데이터로 살펴볼게요. 오른쪽 그래프는 1950년부터 2022년까지 전 세계에서 발생한 군중 사고를 나타낸 그래프입니다. 'World Crowd Disaster Web Map'에서 수집한 전 세계 군중 사고 데이터를 바탕으로 그렸습니다. 작지 않은 규모의 군중 사고가 거의 매년 발생하고 있고, 2000년대 들어

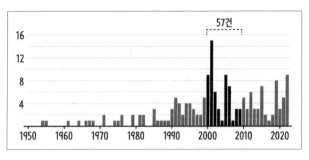

연도별 군중 사고 발생 현황 ⓒ일러스트: 안준석/마부작침

그 빈도가 늘어나고 있는 게 보일 거예요. 연대별로 끊어 보면 증가 흐름이 더 명확합니다. 1950년대 군중 사고는 두 건에 불과했지만 2000년대까지 계속해서 증가하고 있거든요. 2000년대에 57건으로 정점을 찍었고, 2010년대에는 40건으로 집계됐지만 흐름으로 보면 군중 사고가 감소하고 있는 상황은 아닙니다.

가장 많은 군중 사고는 종교 활동에서 일어났습니다. 1950년대부터 조사된 174건의 군중 사고 중 68건, 그러니까 39.1퍼센트가 종교 활동에서 발생했죠. 그중에는 역대 최악의 피해 규모를 기록한 사우디아라비아 하지 압사 사고도 포함돼 있습니다. 2015년 사우디아라비아에서 발생한 압사 사고로, 당국 집계에 따르면 최소 717명, 최대 2411명이 사망한 것으로 알려졌습니다. 종교 활동 다음은 스포츠 경기(46건),

오락(33건) 활동으로 조사됐습니다.

사실 'World Crowd Disaster Web Map'에서 전 세계의 모든 군중 사고를 기록하는 건 불가능할 겁니다. 군중 사고의 심각성을 인지하지 못한 채 보고되지 않은 사고도 많을 것이라고 전문가들은 보고 있죠. 우리나라에서 발생한 군중 사고는 이번이 처음이 아닌데, 해당 DB에 기록된 우리나라 군중 사고는 이태원 참사를 포함해 단 두 건입니다.

1959년 7월 부산 공설 운동장에서 진행된 시민 위안 잔치에서 소나기를 피하려는 관중 3만여 명이 좁은 출입구로 밀리며 67명이 압사한 사고가 있었습니다. 이태원 참사를 제외하고, 우리나라 군중 사고 중 가장 많은 사망자가 발생한 사고였습니다. 2005년 10월 경상북도 상주 시민 운동장에서 열린 가요 콘서트 공연에 5000여 명이 몰리며 11명이 숨진 사고도 있었습니다.

밀집의 일상화, 우리 일상 상황은?

군중 사고가 늘어나는 추세일 뿐 아니라 우리는 일상 속에서도 심심치 않게 군중 밀집 상황을 접하고 있습니다. 인스타 맛집이 즐비한 '핫플레이스'에 가면 군중에 휩쓸려 내 의지대로 움직일 수 없거나, 많은 사람이 타 있는 대중교통을 이용할 때면 온몸을 써서 비집고 들어가야만 하죠. 대규모 공연이나 경기를 관람할 때면 인파 속에서 몸을 제대로 가누기 어렵기도 합니다. 사고만 나지 않았을 뿐, 과밀화된 환경은 이미 우리 일상 속에 스며들어 있습니다.

지하철 데이터를 통해 우리가 얼마나 밀집된 환경에 노출돼 있는지 살펴봅니다. 서울교통공사의 지하철 혼잡도 데이터[12]를 보면, 2021년 기준으로 가장 혼잡한 노선은 혼잡도 141퍼센트를 기록한 4호선입니다. 여기서 말하는 지하철 혼잡도는 한 칸의 승객 수 160명을 기준으로 환산한 수치입니다. 서 있는 사람 없이 모든 승객이 좌석에 앉는다고 가정하면, 열차 한 칸은 총 54명을 수용할 수 있습니다. 거기에 서 있는 사람 106명까지 더하면 160명. 국토교통부에선 이렇게 160명이 꽉 찬 경우를 혼잡도 100퍼센트로 보고 있어요. 141퍼센트라는 건 열차 한 칸에 평균 226명이 탑승했다는 의미인 거죠.

혼잡도 2등은 149퍼센트를 기록한 2호선입니다. 4호선과 2호선의 데이터로 출근 시간 군중 밀집도를 분석했습니다. 군중 밀집도가 높으면 높을수록 각 역에 표시된 원은 크게 나타납니다. 출근 시간 밀집도가 상당한 게 느껴질 겁니다. 4호선과 2호선 중 가장 높은 밀집도를 보인 건 한성대입구역입니다. 한성대입구역의 출근 시간(8시, 8시 30분) 평균 혼잡도는 무려 150.8퍼센트. 이를 인원수로 치환하면 지하철 한

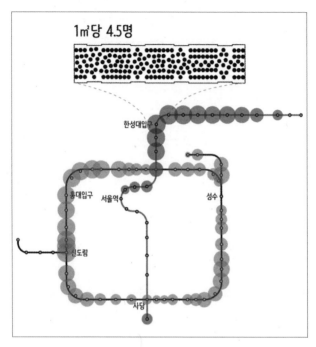

칸에 241명이 나옵니다.

좌석을 뺀 지하철 열차 내 공간은 42제곱미터 정도입니다. 열차 내 단위 면적당 인원수를 계산하면 어느 정도의 수치가 나올까요? 한성대입구역의 군중 규모는 1제곱미터당 4.5명으로 군중 사고 전문가들이 경고한 1제곱미터당 5명에 육

박한 수준입니다. 한성대입구역 비롯해 출근 시간에 1제곱미터당 4명이 넘는 역은 네 곳이나 됩니다. 길음, 성신여대입구, 한성대입구, 혜화입니다. 매일 출근 시간에 이 네 개의 역을 지나는 사람들은 본인 의지대로 몸을 가누기가 어렵고, 정차할 때마다 좁은 공간을 비집고 움직여야만 하차할 수 있는 상황인 거죠.

체계적 관리만이 대안

압사 사고는 대규모 군중이 모이는 곳 어디서나 발생할 수 있습니다. 대도시뿐만 아니라 작은 지방 자치 단체에서도 사람이 많이 모인다면 언제든지 참사의 가능성은 존재하죠. 또 실외만이 아니라 지하철 같은 실내에서도 참사는 발생할 수 있습니다. 이를 막을 수 있는 건 체계적인 관리뿐입니다. 2022년 10월 여의도에서 열린 불꽃축제에는 100만 명에 가까운 인원이 모였고, 당시 서울시가 중심이 돼 합동종합본부를 운영했습니다. 반면 참사가 일어난 이태원에는 137명의 경찰만 투입됐을 뿐 현장 통제가 제대로 이뤄지지 않았습니다. 엄청난 규모의 군중이 모인 여의도에선 아무런 인명 피해 없이 행사를 마무리했지만, 이태원에선 그러지 못했어요.

2010년, 독일 뒤스부르크에서 러브 퍼레이드라는 이름의 EDM 축제가 펼쳐지고 있었습니다. 행사장으로 들어가는 유일한 통로에 청년들이 몰리면서 압사 사고가 발생했죠. 이 사고로 21명이 사망했고, 652명이 부상을 당했습니다. 독일은 참사를 참사로 끝내지 않았습니다. 막스플랑크연구소를 중심으로 압사 사고의 원인을 과학적으로 분석해 관련 모델을 만들었고, 이를 바탕으로 군중 밀집을 관리하고 체계적으로 대비하고 있죠. 다시는 군중 참사가 일어나지 않도록 말입니다. 우리나라도 참사가 참사로 끝나지 않길 바랍니다. 독일이 그랬던 것처럼 철저한 대비와 관리가 필요합니다.

군중 압사 사고는 어떤 한 사람에 의해 사건이 촉발되기보다 다수의 군중이 모여 있는 상황 자체가 원인입니다. 하지만 이태원 참사는 일각에서 사고 피해의 책임을 당사자에게 지우는 모습이 보이기도 했습니다. 피해자에 대한 2차 가해가 발생하지 않도록 정부의 책임 있는 움직임이 필요했습니다. 관리 부실에 대한 책임도 뒤따라야 할 거고요. 이태원 참사로 피해를 본 모든 분이 다시 건강히 일상을 살아가길 바랍니다.

데이터와 다양성 ; 실재하는 차별

과거 예술 작품 수정, 검열일까 PC일까

디즈니의 실사 영화 〈인어공주〉가 개봉 전부터 화제였습니다. 주인공 에리얼의 인종이 백인에서 흑인으로 바뀌면서 일각에서는 "원작을 훼손하는 과도한 PC주의"라는 비판의 목소리가 나왔습니다. 그보다 앞서, 로알드 달의 동화가 새로운 버전으로 출판될 때도 비슷한 문제가 있었습니다. 과거 창작자의 표현을 삭제하거나 수정하는 것은 원작을 훼손하는 것이라며 부정적 목소리가 높았죠. 현재와는 다른 시선으로 만들어진 과거의 작품을 어떻게 두는 게 맞는 걸까요. 이런 질문을 던집니다. 과거 예술 작품의 수정은 검열일까요, 정치적 올바름일까요?

Female이 Woman으로 바뀌었다

로알드 달 상황부터 정리해 봅니다. 문제는 영국의 동화 작가 로알드 달의 작품 2022년 버전을 출간하면서 발생했습니다. 예전에 나왔던 작품이 종종 개정되거나 표지를 새로 해서 출간되기도 합니다. 로알드 달 작품도 여러 개의 개정판이 있었습니다. 출판사가 로알드 달이 쓴 주요 표현들을 삭제하고 수정한 2022년 판이 문제가 됐습니다. 신체 묘사라던지, 정신 건강에 대한 묘사, 혹은 젠더나 인종과 관련된 표현들을 손본 겁니다.

마틸다 Matilda	A most formidable ~~female~~ woman
	Her ~~great horsy~~ face
	Become a ~~heroine~~ hero
	~~White in the face, white as paper~~
마녀를 잡아라 The Witches	Evil ~~woman~~ person
	~~Queer~~ Stranger
	~~immensely fat~~
	~~I do not wish to speak badly about women. Most women are lovely~~

©일러스트: 안준석/마부작침

로알드 달의 1983년 소설《마녀를 잡아라The Witchs》의 2001년 버전에는 이런 문장이 있습니다.

"Even if she is working as a cashier in a supermarket or typing letters for a businessman(그녀가 슈퍼마켓 계산원으로 일하거나 사업가를 위해 편지를 작성하는 경우에도 마찬가지)."

2022년 개정판에는 슈퍼마켓의 계산원, 사업가를 위해 일하는 여성 대신 "top scientist(최고의 과학자)"와 "running a business(사업 운영)"라는 조금 더 주체적인 직업과 표현이 들어갔습니다. 영국의《텔레그래프》데이터[13]를 살펴보면 로알드 달의 열 개 작품 속 505건의 표현이 수정됐습니다. 그중 아예 삭제된 표현은 78건이었고요.

로알드 달은 영국의《타임스》가 선정한 제2차 세계 대전 이후 위대한 영국 작가 16위에 꼽힐 정도로 유명하고 대단한 작가입니다. 아동 문학계의 윌리엄 셰익스피어라는 칭호를 갖고 있기도 하죠. 넷플릭스에서 뮤지컬 영화로 나오기도 했던 〈마틸다〉도 로알드 달 원작이고, 팀 버튼 감독의 〈찰리와 초콜릿 공장〉도 마찬가지입니다. 그 외에도《판타스틱 미스터 폭스》,《그렘린》등의 동화를 썼습니다.

대중적으로 유명한 작가이긴 하지만 반유대주의적 성향을 가지고 있어서 꽤 문제가 되기도 했습니다. 1990년 인터뷰에서 본인 스스로 반유대주의자라고 이야기하기도 했죠. 영국 왕립조폐국에선 로알드 달 탄생 100주년을 기념해 주화를 제작하려다가 이런 이슈들 때문에 취소하기도 했습니다. 결국 2020년 말, 그러니까 한참 뒤에 와서야 로알드 달 유족들이 그의 반유대주의적 발언에 대해 공식 사과했습니다.

논란과 별개로 예전 시대적 상황에서 쓰이던 표현이 많은 탓에 수정 사항은 계속 생기고 있습니다. 이에 대해서 출판사가 작품을 마음대로 고쳐도 되느냐는 비판의 목소리가 많았습니다.《악마의 시》의 저자인 살만 루슈디는 로알드 달이 문제가 있다는 건 알지만 그래도 이건 너무나 터무니없는 검열이라고 비판하기도 했죠. 영국 총리실도 나서서 검열은 없어야 한다고 이야기했습니다. 반면 일각에서는 시간에 따라 작품이 변화하는 건 좋은 일이라고 옹호하는 사람들도 있었습니다.

과거 작품은 과거의 시선을 담고 있다

이슈가 된 건 로알드 달이었지만 사실 로알드 달만의 문제는 아닙니다. 지금의 상황과 맞지 않은 표현은 예술 작품 곳곳에 남겨져 있으니 말입니다. 미국 아동 문학의 대가, 닥터 수스도 비슷한 논란을 겪은 바 있습니다. 2021년 닥터 수스의 책 여섯 권이 인종 차별적 묘사를 했다는 이유로 판매 중단 조치된 바 있습니다. 닥터 수스의 그림책에 아시아인은 백인의 지시를 받는 하인 역할로 나왔고, 흑인은 원시적인 캐릭터로 등장했습니다.

　　디즈니의 〈판타지아〉라는 애니메이션 본 적 있나요? 1940년에 만들어진 〈판타지아〉는 제작 당시엔 쫄딱 망했다가 1960년대 히피 문화가 유행할 때 재평가를 받은 작품입니다. 재평가에 힘입어 60년대에 재개봉했는데, 재개봉 판에는 원작에 담겨 있던 인종 차별적 장면을 잘라 냈습니다. 뒤에 나

〈FANTASIA〉   〈FANTASIA〉 재개봉 버전

©일러스트: 안준석/마부작침

오는 그림이 그 장면 중 하나입니다. 백인 캐릭터의 하인으로 묘사된 흑인 캐릭터를 잘라 내고 화면에서 보이지 않게 조치를 취한 겁니다.

사실 디즈니의 옛 작품들을 보면 과거에 만연했던 차별적 시선을 확인할 수 있습니다. 미국에선 〈백설공주〉 같은 디즈니 초기 작품을 자식에게 보여 주고 싶지 않다는 부모가 있을 정도죠. 얼마나 차별적인 표현이 많았는지 분석해 봅니다. 살펴볼 자료는 2016년에 발표된 논문[14]인데, 디즈니 프린세스 시리즈를 대상으로 성별에 따라 영화 대사에 어떤 차이가 있는지 분석했습니다. 1937년 〈백설공주〉부터 2013년 〈겨울

영화내 여성 캐릭터의 대사 비율

클래식 타이틀

백설공주 1937

신데렐라 1950

잠자는 숲 속의 공주 1959

르네상스 타이틀

인어공주 1989

미녀와 야수 1991

알라딘 1992

포카혼타스 1995

뮬란 1998

뉴에이지 타이틀

공주와 개구리 2009

라푼젤 2010

메리다와 마법의 숲 2012

겨울왕국 2013

디즈니 프린세스 시리즈의 여성 대사 비율
ⓒ일러스트: 안준석/마부작침

왕국〉까지 총 열두 편입니다.

먼저 남성과 여성의 대사 비중을 살펴봅니다. 총 열두 편의 공주 애니메이션 중 여성의 대사가 전체 대사의 50퍼센트 이상인 작품은 다섯 편에 불과합니다. 클래식 작품 세 편은 모두 50퍼센트 이상이었고, 80~90년대 작품에서 여성 대사의 비중은 상당히 낮습니다. 2000년대 이후 〈라푼젤〉, 〈메리다와 마법의 숲〉작품만이 50퍼센트를 넘겼습니다. 공주가 주인공인 애니메이션인데도 불구하고 대사를 양적으로 비교해 봤을 때 꽤 많은 차이가 보이는 겁니다.

물론 대사만으로 성별 격차를 정확히 파악하긴 어렵습니다. 기존의 수동적인 공주 캐릭터를 벗어나 처음으로 능동적인 캐릭터라는 평가를 받은 〈인어공주〉도 대사의 양만 봤을 땐 50퍼센트 미만으로 나오니까요. 참고로 디즈니 르네상스 시절의 애니메이션은 뮤지컬 스타일이 대세였던지라 등장인물이 급격하게 늘어났습니다. 그러면서 상대적으로 여성 캐릭터의 비중이 줄어들었습니다. 그나마 다행인 건 1990년대 이후부터 점차 여성 캐릭터의 대사 비중이 늘어나는 모습을 보인다는 겁니다.

대사의 내용을 분석해도 의미 있는 변화가 보입니다. 여성 캐릭터에 대한 칭찬 대사를 분석해 보면, 과거 디즈니 클래식 시절엔 외모에 대한 칭찬이 절반이 넘는 55퍼센트였습니다. 능력에 대한 칭찬은 11퍼센트에 불과했고요. 하지만 디즈니 르네상스 시절에 걸쳐서 외적인 묘사보다 능력에 대한 묘사로 옮겨 가기 시작했고, 2000년대 이후부터는 여성 캐릭터의 능력에 대한 대사가 더 많아졌습니다. 뉴에이지 시절에는 능력에 대한 칭찬이 전체 칭찬의 40퍼센트, 외모에 대한 표현은 22퍼센트에 불과합니다.

과거 작품을 기억하는 법: 수정과 유지 사이

과거에 만들어진 작품 속에는 현재의 시선으로 봤을 때 갸웃할 만한 지점들이 많습니다. 앞에서 살펴본 것처럼 로알드 달, 닥터 수스의 동화책에도 있고, 디즈니 애니메이션 곳곳에도 있죠. 찾으면 더 많을 겁니다. 우리나라 문학 작품과 영화에도 당연히 들어 있을 겁니다. 작품엔 당시 시대상이 담기고, 또 시대상에 대한 작가의 시선이 녹아 들어 있을 테니 말입니다. 그렇다면 이런 작품을 우리는 어떻게 소비해야 하는 걸까요? 시대에 맞게 수정해야 할까요? 아니면 원작 그대로 유지해야 할까요?

우선 첫 번째 입장은 '작품의 수정은 정치적 올바름의 일환'이라는 겁니다. 정치적 올바름은 성별, 인종, 종교 등을 이유로 차별하지 않아야 한다는 생각이죠. 과거 작품에 그런 표현이 있다면 시대에 맞게 수정할 필요가 있다는 겁니다. 'bowdlerize'라는 표현을 들어 봤나요? 연극이나 영화에서 선정적이거나 폭력적인 부분을 고치거나 삭제하는 식의 검열을 뜻하는 단어인데, 토마스 보들러Thomas Bowdler라는 사람의 이름에서 따온 단어입니다.

저 단어가 나오게 된 계기는 바로 셰익스피어의 희곡입니다. 사실 셰익스피어의 작품에는 반유대주의, 인종 차별, 성차별, 성 학대, 폭력적인 내용이 많이 담겨 있습니다. 1800년대 보들러는 셰익스피어의 원작에서 원색적인 장면을 삭제하고 가족들에게도 들려줄 수 있는 '패밀리 셰익스피어'를 만들었습니다. 그걸 따서 bowdlerize라는 단어가 생겼죠. 이런 편집과 수정은 계속 이뤄지고 있습니다. 만일 셰익스피어의 작품 그대로를 접한다면, 인종 차별적인 내용 때문에 누군가에게 상처가 될 수 있을 테니까요.

두 번째는 '작품의 수정은 예술에 대한 검열'이라는 입장입니다. 원작에 대한 고유 가치를 인정해서 원작 그대로 유지해야 한다는 겁니다. 당장 셰익스피어의 사례를 두고도 위의 입장과 다르게 생각하는 단체가 있습니다. 이름하여 NCAC(National Coalition Against Censorship)라는 곳인데, 이곳에서는 잘못된 과거 작품이라도 검열과 편집 과정은 없어야 한다고 주장하고 있습니다. 차별적 표현이 사라진다면 이 지점에 대해 생각하고 배울 기회가 아예 날아가 버릴 테니까 편집은 없어야 한다는 거죠.

정치적 올바름을 이유로 원작을 수정하는 것은 오히려 교육적으로 역효과를 가진다는 연구 결과도 있습니다. 고전 동화나 옛 작품에는 차별과 편견이 담겨 있을 수밖에 없잖아요. 2021년 아동청소년문학연구 저널에 실린 〈언어적 유토피아의 불편함: 정치적으로 올바른 고전동화의 역설〉[15]에서 저자는 우리가 고전동화에서 주목할 지점은 차별과 편견의 존재, 그 자체가 아니라 이를 보는 비판 의식이라고 말합니다. 이런 의식이 길러지고 발동되기 위해선 편견이 담겨 있는 원본 작품이 남아 있어야 하는데, 만약 작품 수정이 이뤄지면 제대로 된 교육이 이뤄질 수 없다는 겁니다.

앞에서 셰익스피어 작품에 반유대주의적 표현과 분위기가 많이 담겨 있다고 했습니다. 나치 정권은 이를 이용해 유대인 학살의 정당성을 확보할 목적으로 〈베니스의 상인〉을 정기적으로 공연했다고 합니다. 샤일록과 같이 돈만 밝히는 유대인들을 죽여 마땅하다는 분위기를 만들기에 〈베니스의 상인〉만한 게 없다는 판단을 한 겁니다. 그렇게 만들어진 반유대주의적인 사회 분위기는 결국 우리가 알고 있는 인류 최악의 참사, 홀로코스트까지 이어졌습니다.

디즈니는 재가공으로 성장한 기업

디즈니는 시대에 맞게 원작을 재가공하면서 성장해 온 기업입니다. 1950~1960년대엔 원작 동화의 폭력성과 잔혹성을 벗겨 낸 〈신데렐라〉로 성공을 거두었고, 1980~1990년대엔 주체적인 여성 캐릭터를 담아낸 〈인어공주〉와 〈미녀와 야수〉로 성장해 왔습니다.

안데르센의 원작에서 인어공주는 왕자를 위해 희생해 결국 물거품이 돼버립니다. 물론 이후 공기의 정령으로 승천

하지만요. 1989년의 디즈니는 적극적인 여성성을 담아 새드 엔딩이 아닌 해피엔딩을 선택했습니다. 그렇게 붉은 머리의 에리얼이 만들어졌어요. 안데르센의 인어공주가 아닌 디즈니의 인어공주로 디즈니 르네상스를 연 겁니다.

그리고 2023년의 인어공주는 1989년 애니메이션과는 너무나 다른 파격적인 캐스팅으로 이슈가 됐습니다. CG로 표현된 캐릭터도 기존의 만화 스타일이 아닌 사실적 생명체로 만들어지면서 부정적 반응이 나오기도 했습니다. 거기에 〈인어공주〉 이전부터 이어 온 디즈니의 정치적 올바름에 권태를 느끼는 관객들도 늘어난 상황이죠. 디즈니의 이런 선택이 사람들과 발맞춰서 가는 모습보다 먼저 이끄는 모양인지라 권태를 느낀 사람들 입장에선 충분히 강요로 느껴지는 상황일 수 있습니다. 어떻게 생각하나요?

야생 동물과 인간, 같이 살 수 있을까

"당신이 도시를 집어 들고서 거꾸로 뒤집은 다음 흔들면, 거기서 떨어지는 동물들에 경탄할 것이다. 고양이와 개만 떨어지지는 않을 거라고 장담한다."

이번 장을 연 글은 얀 마텔의 《파이 이야기》[16]에 나오는 문장입니다. 미처 인지하지 못하더라도 우리는 수많은 동물과 도심을 공유하고 있습니다.《파이 이야기》에 등장하는 보아뱀, 도마뱀, 오랑우탄, 악어까지는 아니더라도 도시를 뒤집어 흔들면 토끼, 쥐, 비둘기, 너구리를 포함해 수많은 동물이 빗방울처럼 떨어질 겁니다. 사람과 동물이 함께 살아가는 도시의 모습을 들여다봅니다. 도시 속 야생 동물의 동거인으로서 우리 인간들이 어떤 노력을 해야 할지, 여러 사례와 데이터를 정리했습니다. 질문을 던집니다. 야생 동물과 인간, 공존은 가능할까요?

도시화로 파괴되는 자연

우리나라 인구는 감소하고 있지만 지구 전체로 봤을 때 인간의 수는 계속 늘어나고 있습니다. UN이 추정한 세계 인구 자료[17]를 보면 전 세계 인구가 10억 명을 돌파한 건 1804년경입니다. 20억 명을 돌파한 건 1927년이고요. 10억 명에서 20억 명으로 늘어나기까지 무려 123년이 걸렸습니다. 그리고 12년 사이 10억 명이 증가했습니다. 2022년 세계 인구는 어느새 80억 명을 돌파하고 있죠.

늘어난 인구를 수용하려면 더 넓은 장소가 필요할 겁니다. 그들이 먹을 음식도 더 많이 필요하겠죠. 그러기 위해서 도시는 커져야 했고, 더 많은 농작물을 생산해야 했습니다. 그

	최근 10년간 변화율
단위 면적당 나뭇잎 면적	4.9%
경작지, 도시가 아닌 토지	-0.6%
자연 서식지	-1.0%
숲	-1.2%
해안 보호 서식지	-4.0%
육상 황무지	-4.5%
온전한 산림	-5.5%
해초목초지	-10.9%

10년간 일어난 자연 생태계 변화 지표 ⓒ일러스트: 안준석/마부작침

과정에서 자연은 파괴됐죠. 농업을 위해 숲은 개간됐고, 도시를 넓히기 위해 습지는 땅으로 메워졌습니다. 도시와 도시를 잇는 도로 인프라 개발은 숲과 숲을 끊어 놓았고요. 자연에 인간의 손이 닿자, 수많은 생물종의 서식지가 먼지가 되어 사라지고 있습니다.

이렇게 줄어든 서식지의 영향으로 생태계 교란이 발생하고, 생물 다양성은 위협받고 있습니다. 생물 다양성은 지구상의 생물이 얼마나 다양하게 있는지를 지칭하는데, 단순히 눈에 보이는 동물과 식물뿐만 아니라 생태계, 그리고 유전자까지 포함한 개념입니다. 도시화가 계속 진행되면서 생물종, 생태계, 유전자의 다양성이 점점 훼손되고 있습니다. 위의 그래프를 볼까요?

1970년 이후 10년 주기에 따라 자연 생태계가 어떻게 변화했는지를 확인할 수 있는 지표들입니다. IPBES가 발간한 보고서[18]에 있는 데이터를 기반으로 마부뉴스가 정리했습니다. IPBES는 전 세계 132개국이 참여하는 생물다양성과학기구를 말하는데, 2019년에 7차 총회를 열었고 여기서 14년 만에 생물 다양성에 관한 정부 간 보고서가 채택됐습니다.

그래프를 보면 자연 서식지, 숲, 해안의 보호 서식지, 산림, 해초·목초지 등 대부분의 자연 생태계 면적이 10년 사이 줄어들었습니다. 물론 늘어난 지표도 있긴 합니다. 단위 면적당 나뭇잎의 면적을 보면 4.9퍼센트 늘었는데, 실상을 보면 긍정적이지만은 않습니다. 기후 변화로 인해 북반구의 온대 기후 지방이 따뜻해져서 식물이 더 잘 자라난 영향이기 때문이죠.

유엔식량농업기구는 정기적으로 전 세계 산림 면적을 발표[19]하는데, 이 데이터도 산림 파괴가 얼마나 심각한지 나타내고 있습니다. 1990년부터 2020년까지 농업을 위해, 도시화를 위해, 인프라 개발을 위해 파괴된 산림은 1억 7800만 헥타르나 됩니다. 그래도 다행인 건 여러 나라의 노력으로 산림 손실 속도가 점차 느려지고 있다는 점입니다. 1990년부터 2000년까지 연간 780만 헥타르가 파괴됐지만, 2010년부터 2020년에는 연간 470만 헥타르로 줄었습니다.

우리나라 산림도 비슷하죠. 1972년 우리나라 산림은 모두 659만 6728헥타르였는데, 지금은 629만 8134헥타르입니다. 약 30만 헥타르가 줄어들었죠. 1977년부터 한 해도 빠짐없이 산림 면적이 줄어들고 있습니다. 생물 다양성의 보고로 꼽히는 갯벌의 면적도 마찬가지입니다. 2018년에 조사된 우리나라의 갯벌 면적은 2013년보다 5.2제곱킬로미터 줄어들었죠.

갈 곳을 잃은 동물의 선택지는?

인간의 개발로 서식지가 줄어든 동물들에게 남은 선택지는 사실 별로 없습니다. 새로운 환경에 적응하지 못하고 멸종하거나 혹은 인간의 도시에 적응하거나, 둘 중 하나겠죠. 세계자연기금WWF의 지구생명보고서[20]를 보면, 1970년부터 2018년까지 관찰된 야생 동물 개체군은 평균적으로 69퍼센트나 줄어들었습니다. 특히 담수 생물종 개체군은 평균 83퍼센트 사라지며 전체 생물 집단 중 가장 큰 감소세를 보였습니다.

하지만 도시 속에서 인간과 공존하고 있는 야생 동물도 많습니다. 우리나라에서 가장 도시화가 많이 진행된 수도 서울만 보더라도 멸종 위기종 48종의 동식물이 함께 살고 있죠. 멸종 위기종 1급으로 분류되는 수달, 저어새, 참수리뿐 아니라 2급으로 분류되는 삵, 고니, 올빼미, 맹꽁이 등이 있습니

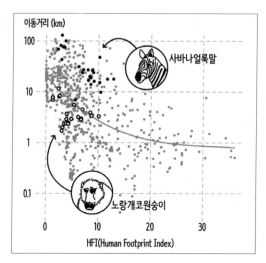

인간 발자국 지수와 관련된 포유류 변위 ⓒ일러스트: 안준석/마부작침

다. 도시화라는 이름으로 인간이 야생 동물의 서식지를 침범하면서 인간과 동물은 더 가까워지고 있습니다.

원래 동물은 서식지를 이리저리 옮기면서 활동을 하는데, 생활 공간이 인간과 겹치면 제약이 생길 수밖에 없을 겁니다. 이와 관련된 〈인류세의 이동: 지구상의 표유류 이동의 전 지구적 감소〉[21]라는 논문이 있습니다. 오대양 육대주, 전 세계를 대상으로 포유류의 움직임을 분석하자 인간의 손이 닿은 서식지에 사는 포유류는 인간의 손길이 닿지 않은 지역에 사는 포유류보다 2~3배 덜 이동한다는 결과가 나왔습니다.

이 그래프에는 사바나얼룩말, 노랑개코원숭이를 포함해 48종, 624마리의 포유류 데이터가 흩뿌려져 있습니다. X축의 HFI(Human Footprint Index)가 커지면 커질수록 인간의 손길이 많이 닿은 지역이라는 의미인데, 그 지역에 사는 동물일수록 이동 거리가 줄어드는 모습을 확인할 수 있습니다.

사람이 없다면 다시 야생 동물들의 이동 거리는 회복되겠죠? 코로나19 팬데믹 초기에 칠레에서 퓨마가 도심을 활보하고, 일본에서 사슴이 지하철역을 배회하는 사진이 화제가 됐죠. 실제로 코로나19로 인한 봉쇄 조치가 심한 지역 동물의 이동 거리를 분석한 결과, 이전 대비 73퍼센트 늘어났습니다.

인간과 동물의 갈등은 현재 진행형

철마다 서식지를 옮기는 대표적인 동물은 새입니다. 원래 살던 서식지가 줄어들면서 살 곳을 잃은 새들이 종종 도심을 찾습니다. 때마다 들려오는 도심 하늘을 뒤덮은 까마귀 떼 이야기가 낯설지 않을 겁니다. 새 떼의 배설물이 만들어 내는 악취와 부식 문제를 처리하기 위해 시에서 따로 예산을 투입해야 할 정도죠.

우리나라에서 새와 인간이 가장 많이 부딪히는 곳 중 하나인 대전 이야기를 해봅니다. 카이스트에는 국내에서 가장 많은 수의 백로가 살고 있습니다. 2020년에 국립생물자원

관에서 조사한 결과를 보면, 우리나라에는 총 176곳의 백로 번식지가 있는데, 그중 카이스트 내 집단 번식지에 둥지 수가 가장 많습니다. 무려 1092개입니다. 번식 둥지가 500개 이상인 대규모 번식지는 열다섯 곳 밖에 없는데, 그중에서도 최대 규모를 자랑하죠.

처음 백로가 카이스트에 등장했을 때만 해도 사람들은 반겼습니다. 하지만 문제는 그 수가 많아도 너무 많았다는 거였죠. 백로 떼가 만들어 내는 소음, 그리고 백로의 배설물로 인한 오염과 악취 문제 등 계속해서 갈등이 생기자 사람들은 더 이상 백로를 반기지 않았습니다. 유해한 새라는 인식이 강해질 정도였죠. 서식지 주변 교직원들과 주민들의 민원이 빗발쳤고 결국 시는 백로의 서식지를 없애는 방향으로 사건을 처리하려고 했습니다. 백로의 보금자리였던 나무는 결국 잘리고 말았습니다.

하지만 백로들이 사라지진 않았습니다. 백로들은 근처의 다른 야산으로 거처를 옮겼고, 심한 경우엔 아파트 단지 내 나무에 둥지를 틀기도 했죠. 그럴 때마다 민원이 나오고, 민원에 따라 나무들은 잘리고, 그러면 백로는 또 다른 숲으로 서식지를 옮기고. 문제는 해결되지 않고 악순환만 반복됐습니다.

이번엔 시선을 해외로 옮겨 봅니다. 호주가 앵무새 문제로 골머리를 앓고 있다는 이야기, 혹시 들어본 적 있나요?

호주 시드니는 주민들이 앵무새와 전쟁 중이라는 얘기가 나올 정도로 갈등이 심각한 상황입니다. 거리의 앵무새가 시드니의 쓰레기통을 다 헤집어 놓고 있기 때문이죠. 영리한 앵무새가 쓰레기통 뚜껑을 여는 법을 학습했고, 학습한 앵무새가 미처 학습하지 못한 앵무새에게 알려 주면서 점차 문제가 되는 앵무새가 늘어난 겁니다.

20세기, 인간이 서식지를 파괴하자 호주의 앵무새는 본격적으로 도심 속으로 들어오기 시작했습니다. 게다가 먹이 경쟁 상대였던 토끼 개체 수가 바이러스로 인해 줄면서 앵무새의 수가 확 늘었죠. 서식지가 겹치고 개체 수가 늘어나며 사회 문제가 발생했는데, 거기에 앵무새가 똑똑하기까지 하니 골머리를 썩이는 겁니다. 앵무새로부터 쓰레기통을 보호하는 연구를 기관에서 진행할 정도로 꽤 심각한 문제입니다.

미국에선 코요테가 도심에 출몰하면서 안전 문제가 발생하기도 하고, 멧돼지와 쥐가 쓰레기를 뒤지면서 발생하는 악취 문제도 있습니다. 이런 갈등을 우리는 어떻게 해결할 수 있을까요? 인간의 영역과 자연의 영역을 구분 짓는 방향으로 진행해야 할까요? 아니면 힘들더라도 공존할 방법을 모색해야 할까요?

야생 동물과의 공존을 위하여

도시가 끊임없이 확장되고 생태계가 계속 변화하는 현실 속에서 야생 동물을 어떻게 수용해야 하는지 고민이 필요한 시점입니다. 늘어나는 인구를 수용하기 위해 개발이 필수적일 테고, 생물 다양성 보호를 위해 야생 동물의 서식지 보존도 중요한 만큼 그 사이 균형을 맞출 필요가 있습니다. 다각적인 접근이 필요합니다.

백로 문제가 심각한 대전은 대체 서식지를 마련하는 방식으로 타협하려 했지만 뜻대로 흘러가지 않았습니다. 백로가 사람들의 의도를 잘 이해하고 알아서 이사 가는 게 아닌만큼 효과가 크지 않았죠. 그래서 공존을 위한 제도를 찾기 위해 노력하고 있습니다. 2022년, 처음으로 환경 단체-학생-학교 간 백로 간담회가 열렸습니다. 백로의 배설물로 인한 악취 문제와 소음 문제도 현실이고, 백로의 번식도 중요한 상황인만큼 모두를 위한 제도를 만들기 위해 머리를 모으는 겁니다. 백로만을 위한 제도가 아닌, 또 사람만을 위한 제도가 아닌, 백로와 사람이 함께 공존할 수 있는 제도를 위해서 말이죠.

쥐 문제로 골머리를 썩이고 있는 파리는 쥐와 공존할 수 있는 방안을 찾으려 합니다. 이른바 쥐와의 공동 서식 연구를 위한 위원회를 만들어서 연구를 진행하는데, 쥐 개체 수 관리를 포기하는 게 아니라 관리도 하면서 쥐와 함께 살아갈 수

ⓒ일러스트: 안준석/마부작침

있는 방안을 찾는 겁니다. 쥐가 질병을 전파할 가능성이 없는 건 아니지만, 그렇다고 그 위험성이 아주 높은 게 아닌 만큼 관리를 통해 새로운 대안을 찾아보려는 시도로 보입니다. 도심 속 야생 동물과 인간의 갈등은 더 자주 발생할 겁니다. 그럴 때 우리는 어떻게 대응해야 할까요? 인간과 야생 동물은 공존할 수 있을까요? 아니면 서로 피해를 주지 않도록 격리해야 할까요? 어느 방향으로 정책을 집행해야 하는 걸까요?

세상을 다르게 보는 색각 이상자

'세상을 다르게 보는 사람'은 누구일까요? 힌트가 있다면 2022년 큰 화제를 모은 넷플릭스 드라마 〈더 글로리〉에도 등장합니다. 바로 색약을 가지고 있는 전재준과 하예솔, 이번 장은 색각 이상을 가지고 있는 사람들의 이야기입니다.

세상을 다르게 보는 사람들

색각은 색을 분별하는 감각을 의미합니다. 색각에 '이상'이라는 단어가 붙으면 말 그대로 색을 분별하는 감각이 정상과는 다르다는 뜻이죠. 우리 몸의 시각 세포는 원추 세포와 막대 세포로 이뤄져 있습니다. 그중 막대 세포는 명암을 인지하고 원추 세포는 빛, 그러니까 색을 인지합니다. 색각 이상은 색을 감지하는 원추 세포의 기능이 이상해져서 색깔을 구분하지 못하는 상황인 겁니다.

보통 적색, 녹색, 청색 이렇게 세 개의 원추 세포가 기능합니다. 이 세 개의 원추 세포 중에 기능이 불완전한 원추 세포가 있을 수 있는데, 그럼 색을 제대로 구분하기 어렵게 되는 겁니다. 이런 경우를 색약이라고 표현하죠. 세 원추 세포 중한 개가 아예 없는 경우는 아예 해당 색깔을 인지할 수 없습니다. 이런 경우를 색맹이라고 표현하죠.

우리 시신경에 있는 원추 세포가 감지하는 파장을 그래프로 나타냈습니다. 뒤에 나오는 그래프를 보면 쉽게 이해할 수 있습니다. 520나노미터 파장의 빛이 우리 눈에 들어온다고 가정합니다. 이 경우, 비색각 이상자는 해당 빛을 초록색으로 인지합니다. 그래프에서 녹 원추 세포의 활성도는 90퍼센

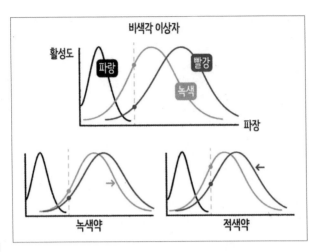

비색각 이상자와 색각 이상자의 원추세포 감지 파장 비교
ⓒ일러스트: 안준석/마부작침

트 정도, 적 원추 세포는 55퍼센트 정도입니다. 하지만 색각 이상자의 경우, 원추 세포가 감지하는 파장의 영역이 특정 원추 세포 쪽으로 쏠려 있어서 다르게 인식될 수 있습니다. 가령 적색약의 경우, 적 원추 세포가 감지하는 파장의 영역이 녹 원추 세포에 쏠려 있고, 녹색약은 녹색 그래프가 빨간 그래프에 치우쳐 있죠.

적색약의 경우, 520나노미터 파장의 빛을 인지할 때 적 원추 세포의 활성도가 75퍼센트까지 올라갑니다. 비색각 이상자와 비교하면 20퍼센트포인트나 차이가 납니다. 그렇게 되면 일반적인 초록색에 붉은 기가 더 섞인 갈색이나 호박색처럼 느껴질 겁니다. 반대로 녹색약의 경우, 녹 원추 세포의 활성도가 비색각 이상자보다 낮아서 초록색이 덜 느껴지는 노란색이나 올리브색에 가까운 색을 보게 됩니다. 색약이 발현되는 구조는 다르지만 결과적으로 비슷한 색각 패턴이 나오는 탓에 적색약, 녹색약을 구분 없이 적녹색약이라고 합니다.

그렇다면 선천적으로 색각 이상을 가지고 태어나는 사람은 어느 정도 될까요? 우리나라 성인 인구의 색각 이상 유병률을 살펴본 2019년 논문 〈Prevalence of Color Vision Deficiency in an Adult Population in South Korea〉[22]이 있습니다. 논문을 보면 한국인의 색각 이상 유병률은 3.9퍼센트입니다. 남성이 6.5퍼센트, 여성이 1.1퍼센트로 남성이 더 많았습니다. 2023년 3월 기준 인구로 따져 보면, 142만 4000명 정도의 남성과 24만 5000명 정도의 여성이 색각 이상을 겪고 있는 셈입니다.

색각 이상자를 받아들이지 않는 경찰

비색각 이상자들이 손쉽게 색으로 구분하는 수많은 것이 색각 이상자들에겐 불편할 수 있습니다. 빨간색과 초록색으로 무언가를 구분 짓는 게 뭐가 있을까요? 횡단보도를 건너거나 운전할 때 보는 신호등이 있을 테고, 공사장이나 안전시설에서 위험과 안전을 표시하는 경우에도 빨간색과 초록색으로 구분 짓습니다.

그렇다면 색각 이상자들은 빨간색과 초록색을 구분 짓지 못하는 걸까요? 그렇지 않습니다. 색을 구분 짓지 못하는 완전 색맹은 색각 이상자 중에서도 0.01퍼센트 정도입니다. 완전 색맹 유병률은 전 세계적으로 2만 8000명 중 한 명꼴로 알려져 있습니다. 대부분의 색각 이상자는 색 구분의 차이가 다르게 느껴질 뿐이죠. 원추 세포가 인지하는 영역에 차이가 있어서 색이 다르게 보일 뿐 일상생활에는 큰 문제가 없습니다. 실제 운전면허도 신호등 색을 구분할 수 있으면 문제없이 취득할 수 있습니다.

문제는 우리 사회가 색각 이상자들을 차별적으로 대한다는 겁니다. 대표적인 사례로 경찰, 소방, 항공, 해운, 철도 등 분야에서 색각 이상자의 고용 기회를 원천 봉쇄하고 있습니다. 특히 경찰의 경우, 국가인권위원회에서 끊임없이 지적이 나오는 상황이죠. 2023년 기준 우리나라 경찰 공무원 채용 시험의 신체검사 기준표를 보면 색약과 색맹을 제한하고 있습니다.

처음 해당 법이 제정됐을 때는 신체검사 기준에 "색맹이 아니어야 한다"고 명시하면서 색맹의 경우에만 취업 제한

	대한민국	일본	영국
약도	○	○	○
중도	×	○	○
강도	×	×	○

대한민국, 일본, 영국의 경찰공무원 채용 기준표
ⓒ일러스트: 안준석/마부작침

을 뒀습니다. 그러다가 1999년 법이 일부 개정되면서 색약도 취업 제한 대상에 포함했죠. 그래도 다행인 건 2006년에 정도가 약한 색약의 경우에는 취업 통로를 열어 줬다는 점입니다. 하지만 여전히 중도, 강도 색각 이상자에 대한 채용 기회는 전면 배제하고 있습니다.

인권위는 경찰 업무별로 색각과의 상관관계에 대한 근거가 부족하다고 지적하고 있습니다. 채용 차별에 대한 개선 대책을 마련하고 시행할 것을 2023년까지 네 번이나 권고했지만 경찰청은 계속해서 거부하고 있는 상황입니다. 경찰청은 해외 다른 나라도 색각 이상자를 경찰 채용에서 제외하거나 약도 색각 이상자만 채용하고 있다며 문제가 없다고 주장합니다.

정말 그럴까요? 영국의 사례를 살펴봅니다. 2016년 개정된 경찰법규를 보면, 영국은 강도 색약의 경우에도 채용하고 있습니다. 다만 색을 다르게 인지하는 만큼 대처 방법을 교육하고 있죠. 일본도 강도 색약은 취업에 제한을 두고 있지만 중도 색약의 경우엔 길을 열어 두고 있습니다. 우리나라 경찰청의 이야기와 다르게 색각 이상이라고 취업을 원천적으로 막는 사회적 장애를 최소화하려고 노력하는 겁니다.

가장 안 지켜지는 웹 접근성 원칙

스마트폰, 태블릿 PC, 컴퓨터 등 스마트, 디지털 기기가 삶 속에 깊숙이 들어오면서 오늘날 우리는 엄청난 양의 시각 정보를 받아들이고 있습니다. 그만큼 색각 이상을 가지고 있는 사람 입장에선 불편한 지점이 많을 겁니다. 이런 부분을 조금씩 없애기 위한 웹 콘텐츠 접근성 지침(WCAG·Web Content Accessibility Guidelines)이 있습니다. 색각 이상을 가지고 있는 사람, 시각 장애를 가지고 있는 사람, 고령자 가릴 것 없이 웹 사이트에서 제공하는 정보에 비장애인과 동등하게 접근할 수 있도록 보장하는 겁니다.

웹 콘텐츠 접근성 지침은 색상에만 의존하지 않도록 웹 콘텐츠를 제공하거나 대비가 강한 색상을 사용해 색약이나 색맹도 충분히 웹 정보를 인식할 수 있도록 유도하는 내용을 포함합니다. 제도를 갖춘 만큼 모니터링도 철저하게 이뤄지

명료성	색에 무관한 콘텐츠 인식		98.0
	명확한 지시 사항 제공		100.0
	텍스트 콘텐츠의 명도 대비		34.0
	자동재생 금지		99.9
	콘텐츠 간의 구분		98.9

〈2022 웹 접근성 실태조사〉 인식의 용이성 조사 결과
ⓒ일러스트: 안준석/마부작침

고 있습니다. 매년 전 세계 트래픽 상위 100만 개의 홈페이지를 대상으로 WCAG를 지키고 있는지 체크하고 어떤 부분이 가장 부족한지 보고서를 만들고 있죠.

우리나라도 마찬가지입니다. 국내 상황에 맞게 이른바 '한국형 웹 콘텐츠 접근성 지침KWCAG'을 만들어 배포합니다. 원칙은 크게 네 가지입니다. 웹 콘텐츠를 사용자가 인식할 수 있는지, 웹 콘텐츠 운용이 용이한지, 또 이해할 수 있는지 그리고 오류 없이 견고한지.

네 가지 원칙을 잘 따르고 있는지 체크하기 위해 매년 조사도 이뤄집니다. 각 원칙을 준수하기 위한 세부 24가지 항목에 대한 실태 조사 보고서[23]가 나오는데, 이에 따르면 상황이 썩 좋아 보이진 않습니다. 2022년 우리나라 웹 페이지의 웹 접근성 점수는 100점 만점에 60.9점. 2019년 53.7점이었

던 점수가 2020년 7점이나 올라 60.7점이 되면서 장밋빛 미래가 펼쳐지나 했는데, 그 이후엔 매년 0.1점씩만 늘어나고 있습니다.

그중에서도 콘텐츠 명도 대비 점수가 제일 낮습니다. 지침은 사용자가 웹 콘텐츠를 명료하게 인식할 수 있도록 다섯 가지 항목을 제시합니다. 저시력자와 색각 이상자를 위한 텍스트 콘텐츠와 배경 간의 명도 대비는 4.5대 1 이상이어야 한다는 지침이 있지만 준수율은 34.0퍼센트에 불과합니다. 나머지 항목들은 거의 100퍼센트에 가까운 준수율을 기록하고 있어서 그 차이가 더 크게 다가오죠.

색각 이상을 배려한 제도가 필요하다

웹뿐만 아니라 실생활에서도 색각 이상자를 위한 제도와 법안은 많이 부족한 상태입니다. 국회에 발의된 법안을 살펴볼 수 있는 의안정보시스템에 2000년 이후를 기준으로 '색맹', '색약' 키워드를 넣었을 때 나오는 법안은 단 여덟 개뿐입니다. 그마저도 21대 국회에서 김민기 의원이 대표 발의한 법안들뿐이죠.

주요 법안 내용을 살펴보면 다음과 같습니다. 적색 계통과 녹색 계통이 섞여 있는 지도나 도면을 색각 이상자도 구별하기 편하게 하자는 법안. 색각 이상자를 고려한 안내판이

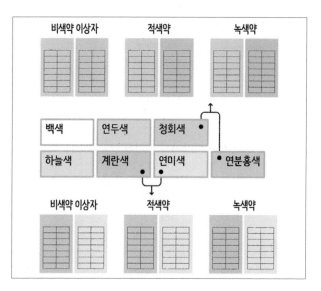

지방 선거 투표 용지 ⓒ일러스트: 안준석/마부작침

나 안전표지, 재난 보호 시설 설치가 필요하다는 법안. 또 색

각 이상자를 고려한 투표용지 색까지. 비색각 이상자들은 미

처 인지하지 못했던 생활 속 색상 정보에서 색각 이상자가 느

끼는 불편함을 최소화하겠다는 겁니다.

　　지방 선거처럼 여러 장의 투표용지를 사용할 경우, 색

으로 더 명확한 구분이 필요할 것 같습니다. 2022년 논문 중

에 지방 선거 투표용지를 가지고 색각 이상자들에게 실험을

진행한 자료[24]가 있습니다. 현행 규정에 따라 일곱 가지 색깔

의 투표용지를 한꺼번에 교부했을 때 실험 대상이었던 열 명의 색각 이상자들 모두가 계란색과 연미색을 구분하기 어려워했습니다. 청회색과 연분홍색의 구분도 어려워한 만큼 여러 표가 한꺼번에 배부되는 선거에서 색각 이상자들을 위한 제도 개선이 필요합니다.

　서울시는 색각 이상자를 배려한 안전표지인 '서울 표준형 안전디자인'을 발표했습니다. 공사장 같은 산업 현장은 여러 위험 요인에 노출돼 있어 안전과 직결되는 긴급 상황이 발생할 가능성이 큽니다. 하지만 노동자의 안전을 위해 제작되는 안전표지에 일관된 기준이 없는 상황이죠.

　서울시는 비색각 이상자, 색각 이상자 가릴 것 없이 누구나 안전 정보를 정확하게 인지할 수 있도록 안전색을 선정했습니다. 기존에 법적으로 규정된 안전색이 있긴 하지만 색약자들이 구분하기 어려운 색상을 포함한지라 정보 전달에 혼선을 줄 우려가 있기 때문입니다. 실제 색약자들의 테스트와 전문가 자문을 거쳐 완성한 안전색을 활용해서 조금 더 안전한 산업 현장을 만들어 가고 있습니다.

그저 다르게 보는 것일 뿐

　"적록색약 보유자로서 말하자면 사실 영상에 나온 신호등 같은 것보다는 사람들 인식이 더 짜증 나는 것 같습니다. 어딘가에서 '사실 적록색약입니다'라고 밝히면 별의별 질문이 다 날아옵니다. 색맹이랑 색약을 구분 못해서 아예 색맹인 줄 아는 경우도 허다하고, 둘의 차이점을 설명하면 적색, 녹색 계열 사진을 들고 와서 이게 어떤 색으로 보이는지, 혹은 두 개 사이에 차이가 느껴지냐고 묻는 경우가 많은데, 저희 입장에선 그게 뭘로 보이는지 말하고 싶어도 말 못 합니다. 애초에 색약이라는 말 자체가 특정 계열 색깔을 잘 구분하지 못하는 건데, 구분하지 못하면 뭐라고 정의 내릴 수 있겠어요."

"회사에서 같이 일하던 분이 적록색약이었는데 팀원들이 같이 쓰던 문서에 색깔로 구분된 부분을 잘 인지하지 못했던 기억이 있습니다. 그때 이후로 스마트폰 앱에 색약 뷰어 카메라를 깔아서 구분 잘 되게 수시로 체크하면서 진행했었네요. 사람마다 보는 게 다른 겁니다. 조금씩 배려하는 사회가 됐으면 좋겠어요."

색약을 다룬 유튜브 영상[25]에 올라온 댓글입니다. 색각이상자와 비색각 이상자를 구분 짓는 건 다수냐 소수냐 문제인 거지 무엇이 옳고 그르냐의 문제가 아닙니다. 의료계도 색각 이상을 질환으로 접근하는 게 아니라 색을 보는 다른 방식으로 이해해야 한다고 지적합니다. 어디까지나 색깔이 다르게 보이는 것일 뿐입니다. 다수의 기준에 색깔이 맞춰져 있기 때문에 일부 불편을 느끼는 상황이 생기는 거죠.

선천적으로 색각 이상을 가지고 태어났어도 자신만의 색각으로 세상을 바라보고 있으니까 색안경을 끼고 바라볼 필요는 없을 겁니다. 서로 다르면 다른 대로, 서로를 이해하는 마음으로 배려한다면 불편함이 조금씩 줄어들지 않을까요?

다양성이 사라진 미국 대법원

2023년 6월 29일, 미국 최고법원인 연방대법원에서 판결이 나왔습니다. 대입에서 소수 인종을 우대해 온 정책, 이름하여 적극적 우대 조치가 헌법에 맞지 않다는 판결입니다. 차별을 막고 다양성을 보장하기 위한 제도가 위헌이라고 하는 미국 대법원을 두고 시끌시끌했습니다. 바로 질문을 던집니다. 다양성이 사라진 대법원의 미래는 어떻게 될까요?

뒤집힌 적극적 우대 조치

우선 적극적 우대 조치, 영어로 하면 Affirmative Action(AA)이라고 하는 소수 인종 우대 정책에 대해 살펴봅니다. AA가 등장한 건 1960년대입니다. 당시엔 지금보다 훨씬 많은 차별이 미국 내에 있었습니다. 마틴 루터 킹 목사가 'I have a dream'

©일러스트: 안준석/마부작침

연설을 했던 게 1963년이니까요. 흑인뿐만 아니라 아시아인, 히스패닉 등 많은 소수 인종이 편견 속에서 자라 왔고, 사회에 나가서도 차별을 견디며 살아야 했습니다.

당시 미국 정부는 단순한 우대 정책만으로 기울어진 운동장을 상쇄할 수 없다는 판단을 내렸습니다. 그래서 소수 인종에게 대학 입시 과정에서 특혜를 주는 정책이 탄생했죠. 이때 만들어진 게 바로 적극적 우대 조치 AA입니다. 존 F. 케네디 대통령과 린든 B. 존슨 대통령이 소수 인종을 우대할 필요가 있다고 설파했고, 그 노력으로 적극적 우대 조치가 미국에 만들어졌죠.

적극적 우대 조치 자체가 소수 인종에게 특혜를 주는

정책인 만큼 '역차별' 논란은 과거부터 있었습니다. 관련 소송도 이어져 왔죠. 때마다 대법관들의 성향이 달라지고, 달라진 성향에 따라 대법원의 판결은 변화할 수밖에 없을 겁니다. 대법원의 정치 성향을 수치화해서 그래프로 나타냈습니다. 여기서 사용한 수치는 MQ스코어Martin-Quinn Score로 대법원 판례를 분석해 대법관의 진보, 보수 이데올로기 성향을 점수화한 자료입니다. 오른쪽(+)으로 갈수록 보수 성향이 강하고, 왼쪽(-)으로 갈수록 진보 성향이 강합니다.

1978년 적극적 우대 조치가 역차별이라며 소송을 건 사람이 있습니다. 앨런 바키는 UC데이비스 의과 대학에 지원했지만 두 번이나 떨어졌습니다. 당시 데이비스 의대는 합격자 백 명 중 열여섯 명을 소수 인종에게 할당하는 특별 전형을 운영하고 있었습니다. 특별 전형 합격자의 평균 점수는 2.88점으로 일반 전형 합격자 평점인 3.94보다 많이 낮았습니다. 평균 3.46의 성적을 갖고 있던 바키 입장에서 이 특별 전형이 역차별이라고 소송을 건 겁니다.

1978년 당시 대법원의 정치 성향을 MQ스코어로 살펴보면 0.156 정도입니다. 당시 대법관들의 정치 성향을 오른쪽의 그래프에 띠 형태로 넣었습니다. 왼쪽으로 갈수록 진보적 성향을 나타내고, 오른쪽으로 갈수록 보수적 성향을 나타냅니다. 1978년 연방대법원의 수치는 중도보수로 볼 수 있습니

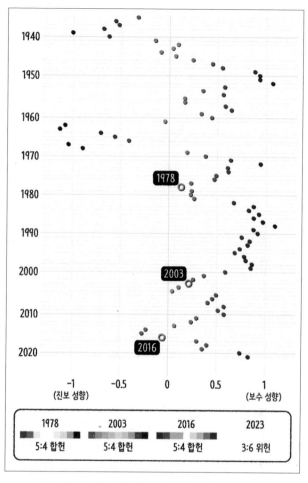

1937~2021년 미국 연방대법원의 이념 정치 성향 분석
ⓒ일러스트: 안준석/마부작침

다. 당시 대법원은 소수 인종의 자리를 쿼터 운영하는 건 위헌이지만, 적극적 우대 조치 자체는 헌법을 위배하지 않는다고 판결했죠.

2003년에도 비슷한 소송이 있었습니다. 미시간대학교를 상대로 걸었던 소송인데, 중도보수 성향의 당시 대법원은 적극적 우대 조치 자체는 위헌이 아니라고 판결했죠. 물론 압도적으로 합헌 결과가 나온 건 아닙니다. 대부분 5 대 4 정도로 아슬아슬하게 존립해 왔습니다. 2016년에도 마찬가지였습니다.

그리고 2023년, 미국 연방대법원의 선택은 위헌이었습니다. 대법원은 '공정한 입학을 위한 학생들SFA'이라는 단체가 노스캐롤라이나대학교와 하버드대학교를 상대로 제기한 헌법 소원에 대해 각각 6 대 3, 6 대 2로 위헌 판결을 내렸습니다. 그래프를 보면 연방대법원의 흐름은 오른쪽으로 향하고 있습니다.

미국 연방대법원의 보수화

사실 전문가 대부분은 적극적 우대 조치가 위헌으로 나오는 판결은 시간 문제라고 봐 왔습니다. 과거에도 간당간당하게 위헌을 빗나가기도 했고, 트럼프 정부부터 우경화된 대법원의 흐름상 위헌이 나오는 건 불 보듯 뻔한 일이라는 겁니다.

트럼프 대통령은 프랭클린 루스벨트 대통령 이후 가장 많은 대법관을 임명했고 그 영향으로 미국 대법원은 보수화됐죠.

미국 대법관은 종신직입니다. 본인이 물러난다고 선언하거나 사망하지 않는 한, 바뀌지 않죠. 그런데 트럼프 정부 동안에만 두 명의 대법관이 사망했고, 한 명이 은퇴했습니다. 전체 대법관 아홉 명 중 세 명, 3분의 1을 새로 앉힐 기회가 생긴 거죠. 트럼프는 새로운 자리에 전임자들보다 보수 성향이 상당히 짙은 대법관들을 앉혔습니다. 기존의 보수 대법관들도 나이가 들수록 상대적으로 진보적인 판결을 하는 경향이 있는데, 트럼프는 그들의 자리를 젊고 더 보수적인 대법관으로 교체했습니다. 2023년 7월 기준, 미국 연방대법관은 보수 성향 여섯 명, 진보 성향 세 명으로 보수가 앞서 있는 상황입니다.

뒤에 나오는 그래프를 통해 2023년 미국 대법관의 정치 성향을 봅니다. 앞서 자료와 마찬가지로 MQ스코어를 통해 대법관의 이데올로기 성향을 나타냈습니다. 바이든 정부가 2022년 임명한 커탄지 브라운 잭슨 대법관은 데이터가 없어서 그래프에 존재하지는 않습니다. 잭슨 대법관은 상당히 진보색이 짙은 인물로 알려져 있습니다. 이번 적극적 우대 조치 판결에서도 가장 보수적인 토머스 대법관의 이름을 거론하면서 판결에 대한 비판적 의견을 개진하기도 했죠.

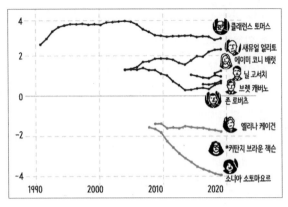

미국 대법관의 정치 성향 ⓒ일러스트: 안준석/마부작침

대학 입시에서 인종 다양성을 보장했던 적극적 우대 조치는 이제 사라졌습니다. 그런 판결을 내린 건 정치적 다양성이 사라진 연방대법원이었고, 정치적으로 편향된 대법원은 과거의 판결들을 다 뒤집어엎고 있습니다. 임신중절권을 보장하는 로 대 웨이드 판결이 뒤집어졌고, 총기 규제, 범죄 용의자의 인권, 정교분리 등에 관해서도 모두 보수적 판결이 나왔습니다. 일부 안건에 대해서는 보수 대법관들도 이념이나 정파를 벗어나 개인 신념에 따라 판결을 내렸지만, 굵직한 이슈에 대해서는 기존 정파의 방향대로 판결하는 상황이죠.

연방대법원의 다양성 부족은 전부터 지적되던 부분입니다. 현재는 정치적 다양성이 부족한 모습이지만 그뿐만 아니라 출신의 다양성도 상당히 부족한 상황이죠. 대법관 대다수가 아이비리그 로스쿨 출신이고 전문 분야도 비형사법으로 치우쳐 있습니다. 첫 히스패닉계 대법관인 소토마요르는 일찍이 이 부분을 지적했습니다. 다양한 배경을 가진 대법관이 있어야 동일한 사건을 두고 다른 관점을 가지며 서로 배우고 보완할 수 있다는 겁니다. 다양성이 사라지면 경직되기 마련이죠. 대법관직 자체가 종신형인 만큼 다양성 부족은 앞으로도 이어질 수 있다는 문제입니다.

소수 인종 우대 조치가 사라진 이후

소수 인종 우대 조치가 사라진 후, 미국 대학은 어떻게 바뀔까요? 그 모습을 미리 볼 수 있는 곳이 있습니다. 바로 캘리포니아입니다. 캘리포니아는 일찍이 주 단위에서 적극적 우대 조치 제도를 금지했습니다. 1996년 통과된 주민제안 209 법안은 주 정부 기관이 고용, 하청, 교육할 때 인종과 성별을 기준으로 차별 대우할 수 없도록 했습니다. 이 법안은 주민 55퍼센트의 찬성을 받아 통과됐습니다. 이 법안이 통과된 캘리포니아는 적극적 우대 조치를 할 수 없게 됐죠.

1996년 적극적 우대 조치가 금지되자 캘리포니아의 대표적인 대학교인 UC버클리와 UCLA에서는 흑인과 히스패닉 비율이 즉시 감소했습니다. 그 영향은 아직도 남아 있죠.

1996년 이전엔 7퍼센트 수준이었던 UC버클리의 흑인 입학생의 비율은 3퍼센트대 중반까지 하락했습니다. 2022년 가을 학기 기준으로 UC버클리의 흑인 입학생 비율은 3.6퍼센트입니다.

오른쪽 그래프는 캘리포니아대학교의 모든 캠퍼스 학생 중 소수 인종(흑인, 아메리카 원주민, 히스패닉)의 비율을 나타낸 겁니다. UC버클리와 UCLA에서 UC는 University of California를 의미합니다. 캘리포니아대학교 중 버클리 캠퍼스, LA 캠퍼스 등으로 나뉘는 거죠.

1995년 UC 캠퍼스에 등록한 학생 중 20퍼센트가 소수 인종이었습니다. 하지만 1996년 주민제안 209의 영향으로 부침을 겪었죠. 그럼에도 불구하고 캘리포니아대학교는 학내 다양성 유지를 위해 꾸준히 노력했습니다. 노력한 지 11년 만에야 20퍼센트 비율을 회복했죠. 특히 UCLA는 2004년부터 500만 달러 이상을 투자하면서 인종 다양성 확보를 위해 노력했습니다. 2022년 UCLA는 적극적 우대 조치 없이 인종 다양성을 달성하는 건 사실상 불가능하다는 입장문을 대법원에 제출하기도 했죠.

문제는 다양성 확보의 실패가 단순히 교육 문턱에서 끝나는 게 아니라는 겁니다. 이후에도 지속적으로 영향을 미치죠. 대학교 졸업장이 영향을 줄 수 있는 대학원 진학부터 직업

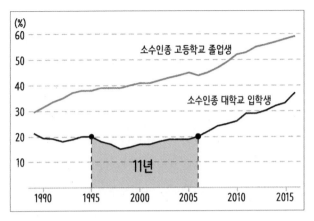

캘리포니아대학교의 소수 인종 입학생 비율
ⓒ일러스트: 안준석/마부작침

기회의 접근성까지 말입니다. 캘리포니아대학교 신입생 데이터와 캘리포니아 연간 연금 데이터를 분석한 2022년 논문에 따르면, 우대 조치 철폐 이후 히스패닉계 학생의 임금이 비슷한 학업 성적을 가진 비 소수 인종 그룹에 비해 감소했습니다. 즉, 계층 이동 사다리 역할을 하는 교육이 소수 인종 우대 제도가 사라진 이후에는 그 역할을 제대로 못하게 됐다는 겁니다.

우리나라 대법원 상황은?

우리나라 대법원 상황은 어떨까요? 2023년, 윤석열 정부는 특정 대법관의 임명 거부를 예고했습니다. 7월 18일 자로 임기가 만료되는 조재연, 박정화 대법관의 후임을 정하는 과정에서 특정 인물 두 명을 거부하겠다고 선언한 겁니다. 후보자가 정해지기도 전에 임명 보류를 선언한 건 상당히 이례적이라는 평입니다. 이유는 해당 판사들이 좌 편향됐다는 거였습니다. 참고로 두 후보 모두 여성 대법관이었습니다. 결국 두 판사가 아닌 다른 판사 두 명이 제청됐습니다.

정치 성향이 다른 판사는 배제하고 이념적 성향이 같은 판사로만 대법원을 꾸린다면 다양성은 줄어들 수밖에 없습니다. 공교롭게도 후보로 올라온 두 법조인 모두 서울대 출신의 50대 남성이었습니다. 성별 다양성도 부족하고 출신 배경 역시 비슷한 상황이었죠. 그리고 2023년 7월 두 후보가 대법관으로 취임하면서, 여성 대법관은 네 명에서 세 명으로 줄었습니다. 아이비리그 출신에, 비형사법 전문 법조인, 그리고 유대계로 가득한 미국 연방대법원을 향한 소토마요르 대법관의 지적은 우리나라에도 그대로 적용할 수 있을 겁니다.

한국여성정책연구원에서 관리하는 성인지 통계 자료를 보면 2021년 기준으로 우리나라 2988명의 판사 중 여성 판사는 964명입니다. 전체의 32.3퍼센트를 차지하고 있죠. 2006년 전체 2221명의 판사 중 375명으로 16.9퍼센트를 차지했던 것과 비교하면 상당한 성장입니다. 하지만 대법관은

ⓒ일러스트: 안준석/마부작침

어떨까요? 역대 대법관 가운데 여성 대법관은 단 여덟 명뿐입니다. 갈 길이 멀어 보입니다.

미국은 바이든 정부 들어서 여성, 유색 인종, 그리고 직업적 다양성을 고려해 종신 판사직을 지명했습니다. 바이든 대통령은 공약 중 하나로 첫 흑인 여성 대법관 지명을 내세울 정도였습니다. 그리고 미국 연방대법원 최초로 여성 흑인 대법관, 커탄지 브라운 잭슨 판사가 임명됐죠.

성별과 인종, 그리고 배경의 다양성보다 능력 중심의 인선이 필요하다는 목소리도 나왔습니다. 능력주의와 역차별 이야기는 우리나라와도 무관하지 않죠. 하지만 서로 다른 배경에서 자라 온 다양한 사람의 다양한 시선이 모여야 더 좋은 결과가 나온다는 판단으로 바이든 정부는 잭슨 판사를 임명했습니다. 그리고 미국 건국 이래 역대 어느 대법관도 가지고 있지 않은 경험을 잭슨 대법관은 가지고 있습니다. 바로 Public Defender, 2년간의 국선 변호사 활동입니다. 잭슨 대법관의 능력이 부족하지도 않지만, 기존 대법관들이 갖고 있지 않은 경험을 높이 산 바이든 정부의 선택은 미국에 어떤 영향을 줄까요? 다양성과 능력주의 사이에서 우리는 어떤 선택을 해야 할까요? 다양성 확보로 인한 역차별을 방지하기 위해 능력을 봐야 할까요? 아니면 조직 내 다양성을 확보하기 위해 적극적으로 소수자를 우대하는 정책이 필요할까요?

패스트패션의 날갯짓

한겨울도 초봄처럼 느껴질 만큼 지구가 따뜻해졌습니다. 기후 변화 때문이겠죠? 2022년 겨울, 유럽은 기온이 올라 스키장에 눈이 없을 지경이었습니다. 알프스 스키장이 대목에 문을 닫을 정도였습니다. 계절이 바뀐 것은 아니지만, 날씨가 풀리니까 새 옷을 장만하고 싶다는 기운이 마구마구 솟기도 합니다. 마부뉴스는 '나비효과' 특집을 진행하는데요, 내가 고른 이 아이템이 환경에 어떤 영향을 주는지, 작은 소비의 날갯짓이 저 먼 곳에 어떤 태풍을 일으킬 수 있는지, 데이터로 정리해 설명합니다. 우리가 사서 입는 옷의 날갯짓은 지구에 어떤 태풍을 불러일으킬 수 있는지, 패션의 나비효과를 살펴봅니다. 여러분은 ZARA, H&M에서 옷을 얼마나 사나요?

빠르고, 다양하고, 값싸게

흔히 우리가 옷을 사는 무신사나 탑텐, ZARA 등을 스파SPA 브랜드라고 합니다. 그리고 이를 지칭하는 또 다른 말, 패스트패션입니다. 최신 유행하는 디자인과 아이템을 바로바로 반영해서 생산, 유통하는 패션 산업을 뜻합니다. 주문하면 바로 먹을 수 있는 패스트푸드처럼 말이죠. 다양한 디자인의 옷을 만들어 빠르게 회전시키는 시스템이다 보니 소비자 입장에서는 최신 유행의 옷을 다양하고 값싸게 구매할 수 있다는 장점이 있습니다.

ZARA, H&M 등 패스트패션 업체는 길게는 3주, 짧게는 2주 안에 신상 제품을 찍어 내고 있습니다. 그런데 패스트패션을 넘어 '울트라' 패스트패션을 지향하는 브랜드가 등장했습니다. 쉬인SHEIN이라는 브랜드 들어본 적 있나요? 쉬인은 기존 패스트패션의 2주 사이클을 5일로 줄였습니다. 압도적인 물량 공세에 힘입어 쉬인은 코로나19 팬데믹 기간 동안 매출이 폭증했습니다. 2021년 6월엔 ZARA와 H&M을 제치고 세계 최대 패스트패션 업체로 올라섰습니다. 2021년 미국에서 가장 많이 다운로드한 패션 애플리케이션이 바로 쉬인이었을 정도입니다. 아마존을 제치고 말입니다.

쉬인이 새로 만드는 옷의 양은 얼마나 될지 마부뉴스가 직접 정리했습니다. 기간은 2023년 1월 3일부터 1월 9일까지 일주일입니다. 국내 쉬인 홈페이지에 신상품이 얼마나 올라오는지 분석했습니다. 결과는 놀라웠습니다. 일주일간 쉬인이 쏟아 낸 신상품은 무려 3만 8025개였습니다. 많게는 하루에 7000개가 넘었고 적어도 3500개 이상의 신상을 찍어 냈습니다. 이 기세로 52주를 채우면 쉬인이 1년 동안 새롭게 만들어 내는 제품은 197만 개가 넘습니다.

이렇게 엄청난 양의 제품을 만들 수 있는 이유는 바로 합성 섬유입니다. 물론 중국 광저우 전역을 제작 공장으로 활

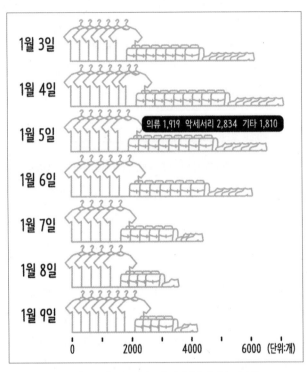

1월 3일

1월 4일

1월 5일 의류 1,919 악세서리 2,834 기타 1,810

1월 6일

1월 7일

1월 8일

1월 9일

0   2000   4000   6000 (단위:개)

2023년 3월 1~9일 SHEIN 한국 홈페이지에 올라온 신상품
ⓒ일러스트: 안준석/마부작침

용할 수 있다는 점도 쉬인이 물량을 유지하는 이유 중 하나일
겁니다. 오죽하면 중국 패션 생산 시설의 30퍼센트가 쉬인 제
품을 만드는 데 사용되고 있다는 추정 자료가 나올 정도입니
다. 합성 섬유는 석유나 석탄에서 추출한 성분을 활용해서 만

든 섬유를 뜻합니다. 나일론, 폴리에스테르, 아크릴이 대표적입니다. 세상에 합성 섬유가 처음 등장했을 땐, 신세계가 열린 듯했습니다. 면을 제조할 때보다 물이 적게 들고, 목화를 재배하면서 사용하던 독성 살충제를 더 이상 쓸 필요가 없었으니까요.

하지만 문제는 폴리에스테르 섬유 제조 과정에서 화석 연료가 훨씬 많이 쓰인다는 점이었습니다. 2015년 MIT에서 작성한 보고서를 보면 섬유용 폴리에스테르 생산 과정에서 얼마나 많은 탄소가 배출되는지 확인할 수 있습니다. 2015년 생산된 폴리에스테르 중 섬유에 사용된 건 약 80퍼센트입니다. 섬유용 폴리에스테르 제작 과정에서 배출된 온실가스는 무려 7060억킬로그램입니다. 이 정도 양은 185개의 석탄 발전소가 연간 배출하는 탄소량과 맞먹고, 1억 4900만 개의 자가용이 연간 배출하는 탄소량과 같은 수준이죠.

쉬인과 같은 울트라 패스트패션 기업에 힘입어 2015년에 비해 훨씬 더 많은 합성 섬유 옷들이 나오고 있으니 탄소 배출량도 그보다 더 늘었을 겁니다. 유엔에 따르면 전 세계 의류 산업이 배출하는 탄소량은 전 세계 배출량의 10퍼센트 정도입니다. 이런 흐름으로 패션 산업이 계속 굴러간다면 2050년엔 26퍼센트까지 늘어날 수 있다는 경고가 담긴 전망도 나오고 있습니다.

세탁기에서 빠져나오는 미세 섬유

합성 섬유로 만들어진 옷의 또 다른 나비효과는 세탁 과정에서 등장합니다. 바로 합성 섬유 의류를 세탁하면 미세 플라스틱이 나온다는 겁니다. 미세 플라스틱은 플라스틱 제품이 분해되면서 생기는 아주 작은 플라스틱 조각을 말합니다. 미국 국립해양대기청과 유럽 화학물질청은 크기가 5밀리미터보다 작으면 미세 플라스틱으로 봅니다. 기준에 따라 더 작은 조각들만 미세 플라스틱으로 보기도 합니다. 합성 섬유는 곧 플라스틱입니다. 합성 섬유에서 떨어져 나온 작은 섬유도 당연히 미세 플라스틱이라 할 수 있습니다. 합성 섬유에서 나온 미세 플라스틱은 미세 섬유라고 이야기합니다.

그렇다면 합성 섬유에서 미세 섬유는 얼마나 나올까요? 마부뉴스가 영국 플리머스대학교의 연구팀이 2016년 진행한 연구 데이터를 가져왔습니다. 연구팀은 세탁기를 한 번 돌릴 때마다 얼마나 많은 미세 섬유가 나오는지를 살펴봤는데요. 기준은 세탁량 6킬로그램입니다. 참고로 우리나라 4인 가족 1회 평균 세탁량은 7킬로그램 정도, 1인 가구의 일주일치 세탁량은 5킬로그램 정도입니다.

6킬로그램의 아크릴 소재 옷을 세탁했을 때 나오는 미세 섬유의 양은 무려 72만 8789개입니다. 폴리에스테르와 면 혼방 직물에 비하면 5.3배, 폴리에스테르보다는 1.5배 많은

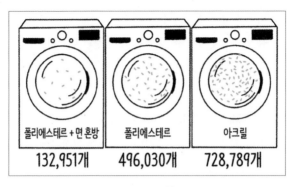

폴리에스테르 + 면 혼방 132,951개

폴리에스테르 496,030개

아크릴 728,789개

세탁 과정에서 배출되는 미세 섬유[26] ⓒ일러스트: 안준석/마부작침

수치입니다. 아크릴은 울과 같은 모직물을 대체하는 합성 섬유인데 양모와 혼방해 쓰이곤 합니다. 따뜻하고 폭신한 니트의 라벨을 살펴보면 아크릴이라는 이름을 발견할 수 있을 겁니다. 물론 물의 온도, 세제 종류 등에 따라 세탁 과정에서 나오는 미세 섬유 개수는 영향을 받을 수 있습니다. 위에서 나온 연구팀의 수치는 6킬로그램의 세탁물을 기준으로 평균 예측 수량을 계산한 것이라고 생각하면 됩니다.

전 세계 규모로 본다면 미세 섬유의 규모는 얼마나 될까요? 1950년부터 2016년까지 전 세계의 합성 섬유에서 나온 미세 섬유를 누적하면 그 규모가 무려 560만 톤에 달합니다. 1950년엔 122톤 정도에 불과했지만 2016년엔 그 규모가 360킬로톤으로 증가했습니다. 당연히 합성 섬유를 많이 사용할수록 미세 섬유도 많이 나올 테니까요. 2016년까지 누적된 미세 섬유 양의 절반 가까이가 이전 10년 동안 만들어진 미세 섬유였습니다.

묻으면 안 썩고, 태우면 유독 가스

유행에 따라 쉽게 산 옷들은 몇 번 입고 나면 다시 장롱에 고이 모셔 두기 십상입니다. 패스트패션이라는 게 워낙 유행에 민감하고 회전율이 빠르기 때문입니다. 유행에 따라 휙휙 바뀌는 만큼 몇 번 입지 않고 버려지는 경우가 많죠. 게다가 상대적으로 값싼 옷이라는 인식 때문에 옷을 버리는 것에 대한 부담도 적습니다. 그 영향으로 전 세계적으로 배출되는 의류 폐기물은 증가하고 있습니다.

당연히 우리나라도 마찬가지입니다. 2007년부터 2020년까지 우리나라에서 나온 폐의류 현황[27]을 살펴봅니다. 오른쪽 그래프를 보면 과거에 비해 그 규모가 늘어나고 있습니다. 2007년만 하더라도 하루에 122톤 정도의 헌 옷이 나왔습니다. 100톤이 넘을 정도면 그 양이 상당하다는 뜻인데요. 그 이후 계속해서 폐의류 양은 늘어났습니다. 2014년엔 처음으로 일일 배출량이 200톤을 넘겼고, 2020년엔 역대 최고치인 하루 평균 225.8톤을 기록했습니다. 연 단위로 보면 2020년 한 해에만 8만 2423톤의 헌 옷이 나온 셈입니다.

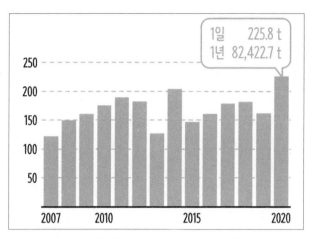

1일   225.8 t
1년 82,422.7 t

250
200
150
100
50

2007   2010   2015   2020

2007~2020년 우리나라 폐의류 현황 ⓒ일러스트: 안준석/마부작침

이렇게 버려진 의류 폐기물 중에 중고로 되팔리는 옷은 10퍼센트 언저리. 일부 매립되거나 소각되는 옷을 제외한 나머지 옷은 해외 개발 도상국으로 수출하고 있습니다. 2019년 기준으로 우리나라는 헌 옷 수출국 5위를 기록하고 있습니다. 개발 도상국 입장에서는 선진국에서 버려졌지만 아직 더 쓸 수 있는 옷을 값싸게 수입해 자국민들에게 나눠 줄 수 있으니 이득이라고 볼 수 있을 겁니다. 문제는 수입해 온 헌 옷 중 팔리지 못한 옷은 그냥 버려진다는 겁니다. 사실상 개발 도상국이 선진국의 헌 옷 매립지 역할을 하는 셈입니다.

게다가 합성 섬유는 잘 썩지도 않습니다. 폴리에스테르

섬유가 완전히 분해되기까지 걸리는 시간은 무려 200년! 그리고 소각하면 플라스틱을 태우면서 생기는 유독 가스 때문에 추가 처리가 필요합니다. 그렇다면 재활용하면 좋을 텐데, 재활용하더라도 합성 섬유에 천연 섬유가 혼합되어 있다면 소재를 일일이 분류해야 하는 어려움이 있습니다. 또 실로 만들어서 재활용하려고 해도 섬유 속 염료를 하나하나 제거해야 하고요. 그러다 보니 헌 옷을 활용해 가방이나 에코백 같은 새로운 상품을 만드는 정도의 재활용만 이루어질 뿐, 합성 섬유 자원을 말 그대로 '재활용' 하기는 어려운 상황입니다.

우리가 입고 버린 헌 옷뿐 아니라, 패션 업체가 팔고 남은 재고도 문제입니다. 패스트패션으로 한 달에도 몇 번씩 새 옷을 찍어 내면 재고량은 쌓일 수밖에 없습니다. 실제로 국내 패션 산업의 연말 재고액 동향을 살펴보면, 2007년엔 4조 원 규모였던 게 2019년엔 7조 5335억 원으로 늘었습니다. 이렇게 남은 재고는 대부분 소각 처리되고, 그 과정에서 추가로 환경 오염이 발생합니다.

패션 기업은 바뀌고 있나요?

지속 가능한 패션 산업을 위한 목소리는 이곳저곳에서 나옵니다. 앞에서 살펴본 것처럼 패션 사업은 옷을 생산하고 소비하고 세탁하고 버리는 모든 과정에서 환경에 피해를 줍니다.

그래서 각성의 목소리가 큰 상황이죠. 그렇다면 기업은 어떤 노력을 하고 있을까요? 여전히 많은 양의 옷들이 과다 생산되고 있는데 말이죠.

잠깐 페이지를 앞으로 넘겨 우리나라 의류 쓰레기 그래프를 기억해 두세요. "2020년 폐의류가 하루에만 220톤 넘게 나온다." 그런데 여기에 포함되지 않은 데이터가 있습니다. 바로 폐섬유 쓰레기죠. 폐섬유는 옷을 생산하는 과정 중 공장에서 버려지는 것인데, 뒤에 나오는 그래프를 보면 엄청납니다. 폐의류와는 비교가 되질 않습니다. 하루에 나오는 폐섬유는 1089.7톤으로 폐의류량의 다섯 배에 가깝습니다. 1년 단위로 보면 폐섬유만으로만 39만 톤이 넘는 쓰레기가 나오는 거죠.

해외 다국적 기업의 악명은 더 높습니다. 전 세계적으로 패션 기업의 각성을 촉구하는 목소리가 커지는 이유입니다. 유엔기후변화협약이 그 결과 중 하나인데요. '기후 변화 대응을 위한 패션 산업 헌장'이라는 약속입니다. 우리가 잘 알고 있는 여러 글로벌 패션 브랜드가 헌장에 이름을 올리고 있습니다. 나이키Nike, 케링Kering, 리바이스Levi's, ZARA, H&M 등을 포함해 모두 110개 기업이 지속 가능한 패션 산업을 위해 노력하겠다는 약속을 했습니다.

헌장에 서명한 기업은 2050년까지 탄소 배출 제로 달

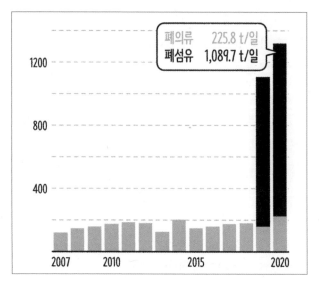

		폐의류 225.8 t/일
		폐섬유 1,089.7 t/일

1200

800

400

2007   2010   2015   2020

폐섬유 일일 발생량 ⓒ일러스트: 안준석/마부작침

성을 목표로 하고 있습니다. 중간 목표로 2030년까지 탄소
배출량을 30퍼센트 감축하겠다고는 했는데요. 아직도 갈 길
이 먼 상황입니다. 전 세계 판매량이 높은 열 개 회사를 대상
으로 스탠다드 얼스STAND.earth라는 환경 단체가 검증했는데
유일하게 리바이스만이 배출량 감소 흐름을 나타냈을 정도입
니다.

기업이 알아서 움직이지 않으니 정부가 나설 수밖에 없
겠죠? EU와 미국에선 패션 기업, 특히 패스트패션 기업을 향

해 몽둥이를 들고 나섰습니다. EU는 2022년 3월 패스트패션을 규제하는 정책을 발표했습니다. EU 공동체의 법령을 발의하는 집행위원회에선 2030년까지 재활용 섬유를 일정 비율 사용하도록 의무화하고, 팔리지 않는 재고품 폐기를 금지하는 규정을 제안했죠. 미세 플라스틱을 배출하는 섬유는 사용을 제한하는 등 강력한 규제도 포함했습니다. 프랑스는 2025년부터 신규 출시되는 모든 세탁기에 미세 섬유 필터망 설치를 의무화하기도 했습니다.

미국도 비슷한 흐름입니다. 미국 뉴욕주는 연 매출 1억 달러가 넘는 패션 기업들을 대상으로 모든 생산 과정에서 발생하는 온실가스 배출량을 공시해야 하는 법안을 추진하고 있습니다. 단순히 생산 단계에서 이뤄지는 직간접적인 탄소 배출을 규제하는 데 그치는 게 아니라, 발송을 포함한 전 과정에 걸쳐 패션 기업이 사회에 어떤 영향을 미치는지 분석하겠다는 겁니다.

우리가 할 수 있는 건

우리는 실제로 입을 옷보다 더 많은 양의 옷을 사고 있습니다. 기업은 팔릴 옷보다 더 많은 양의 옷을 만들고 있습니다. 안타깝지만 현실입니다. 패션 산업이 환경에 미치는 영향이 생각보다 심각한 만큼 변화가 필요합니다. 지속 가능한 패션 시장을 만들기 위해서 가장 먼저 변해야 하는 건 기업일 겁니다. 기업이 그렇게 움직일 수 있도록 제도를 변화시키는 정부의 노력도 뒤따라야겠고요.

우리나라가 변화하는 속도는 EU를 비롯한 환경 선진국에 비해 느린 편입니다. 그래도 느리지만 변하고 있다는 게 중요하지 않을까요? 2022년 말, 환경부는 의류와 섬유에 생산자책임재활용제를 적용하는 방안을 검토하기 시작했습니다. 생산자책임재활용제라는 이름은 무시무시하지만 단어를 하나하나 따져 보면 어렵지 않습니다. 생산자 책임과 재활용제. 즉, 재활용의 의무를 생산자인 기업에 두고 책임지게 하겠다는 제도인 거죠.

기업과 국가 말고 소비자 차원에서 우리가 할 수 있는 변화는 뭐가 있을까요? 세탁 반대 운동 들어 봤나요? 영국의 패션 디자이너 스텔라 매카트니Stella McCartney는 의류 세탁을 반대하는 운동을 하고 있어요. 이름에서 눈치챘을 수도 있겠지만 맞습니다. 스텔라의 아버지는 록 밴드 비틀즈의 폴 매카트니Paul McCartney입니다. 스텔라는 물로 흘러가는 미세 섬유를 막기 위해서라도 세탁을 줄여야 한다고 주장합니다. 세탁에 의존하기보다 옷을 잘 관리해야 한다는 거죠. 이를테면 이런 식입니다. 옷을 빠는 게 아니라 먼지를 털고, 마찰이 많아 미세 섬유가 더 나오는 가루 세제 대신 액체 세제를 사용하는 거죠. 얼룩이 묻은 경우에만 세탁하는 식으로 세탁을 줄이자는 겁니다.

패스트패션의 반대 개념인 슬로우패션을 지향하는 것도 하나의 방법이겠죠. 옷을 사기 전에 깊이 생각하고 살 옷만 골라 적게 소비하는 겁니다. 튼튼하고 오래 입을 수 있는 옷을 사는 것도 환경을 위한 선택입니다.

라면, 립스틱, 치약의 공통점

2022년 4월, 인도네시아가 팜유 수출을 중단했습니다. 이 사건을 따라가다 보면 러시아와 우크라이나 전쟁을 발견할 수 있습니다. 우선 우크라이나부터 살펴보겠습니다. 우크라이나는 세계 최대 해바라기씨유 수출국입니다. 그런 우크라이나가 전쟁의 화마에 휩싸이면서 해바라기씨유를 제대로 수출할 수 없게 됐고, 해바라기씨유가 필요한데 물량이 없으니 그 대체재인 팜유의 수요가 급증했습니다.

팜유 생산량 1위 인도네시아의 상황을 볼까요? 팜유의 수요가 늘어나면서 가격도 덩달아 뛰어올랐습니다. 국제 가격이 오르자 수출이 확 늘었습니다. 인도네시아 내에서 거래할 물량도 부족할 정도였죠. 결국 인도네시아 정부가 자국 내 팜유 물량을 확보하기 위해 수출 중단을 선언할 지경이 된 겁니다. 팜유 이면에 도사리고 있는 환경 이야기에 집중해 봅니다. 역시나 질문으로 시작하죠. 혹시 라면, 립스틱, 치약, 초콜릿의 공통점을 알고 있나요?

올리브유 말고 팜유

장을 보러 마트나 편의점에 갔을 때 우리가 쉽게 접하는 식용유는 대부분 콩으로 만든 기름일 겁니다. 콩기름 외에는 올리브유, 카놀라유 정도겠죠. 그런데 시선을 전 세계로 넓혀 보면 식용유 시장에서 가장 높은 점유율을 보이는 건 콩기름이 아니라 팜유입니다. 팜유는 기름야자나무 열매에서 추출할 수 있는 기름입니다. 열매 속 종자를 압착해서 뽑아낸 기름은 팜핵유라고 부릅니다.

유엔식량농업기구FAO 데이터를 보면 2019년 전 세계에서 생산된 식물성 기름은 모두 2억 2603톤입니다. 이 중 팜핵유를 포함한 팜유가 36.7퍼센트를 차지하고 있죠. 콩기름은 33.6퍼센트로 2위를 기록하고 있습니다. 사실 우리나라에서도 가정용으로 쓰이지 않을 뿐, 대두유로 만들어진 콩기름 다음으로 많이 생산되는 기름입니다.

야자나무 열매에서 뽑아내는 기름인 만큼 팜유 생산은 야자나무 서식지인 적도 부근에 몰려 있습니다. 특히 아시아 국가의 비율이 높죠. 2019년에 생산된 8294만 톤의 팜유 가운데 아시아에서만 88.4퍼센트인 7331만 톤이 생산될 정도

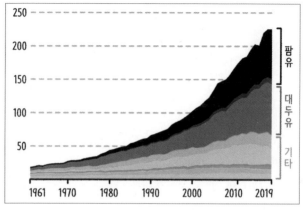

연도별 팜유 소규모 생산량, 단위: 100만 톤
ⓒ일러스트: 안준석/마부작침

입니다. 그중 압도적인 생산량을 자랑하는 곳이 바로 인도네시아와 말레이시아입니다. 2019년 기준으로 인도네시아는 전 세계 팜유 생산의 57.2퍼센트를 차지하고 있고, 말레이시아는 26.7퍼센트를 기록하고 있습니다.

생활 곳곳에 숨어 있는 팜유

팜유의 활용 범위는 무궁무진합니다. 우선 식품부터 살펴보겠습니다. 팜유는 고온으로 가열하더라도 잘 변하지 않고 오랫동안 보관해도 산화하지 않아서 튀김 요리를 만드는 기름으로 적합합니다. 우리가 자주 먹는 라면과 과자를 만드는 데 팜유가 쓰이고 있어요. 마가린과 쇼트닝의 원료로 쓰이고 초콜릿을 만들 때도 팜유를 사용합니다. 치약, 샴푸, 립스틱에도 팜유가 들어가고 비누와 액상 세제에도 들어가 있죠. 세계자연기금이 우리가 슈퍼마켓에서 구매할 수 있는 제품의 절반가량에 팜유가 들어 있을 거라고 얘기할 정도입니다. 서두에서 던진 질문의 답, 라면, 립스틱, 치약, 초콜릿의 공통점은 바로 팜유입니다.

그렇다면 인도네시아가 팜유 수출을 금지한 게 우리나라에는 어떤 영향을 미칠까요? 관세청 데이터를 보면 2021년 우리나라 팜유 수입 물량 중 56퍼센트는 인도네시아, 나머지 44퍼센트는 말레이시아산입니다. 수입량이 상당한 만큼 적지 않은 피해가 우려됐습니다. 다만 식품업계가 주로 사용하는 팜유는 말레이시아산이고 이미 보관하고 있는 식용유도 있어서 즉각적인 피해가 오진 않을 것이라는 전망도 있었습니다. 교촌, BHC, BBQ 이른바 치킨 메이저 3사도 팜유 대신 다른 기름으로 튀기고 있고요. 다만 팜유 수출의 장기화는 식용유 가격에 영향을 끼칠 수 있습니다. 기업들이 민감하게 반응하는 이유입니다.

이렇듯 팜유 가격은 러시아와 우크라이나의 전쟁 같은 대외적 환경에 영향을 받습니다. 이 상황에서 가장 이득을 보는 곳은 인도네시아와 말레이시아에서 팜유를 생산하는 기업입니다. 이런 상황을 탐탁지 않게 보는 곳도 있습니다. 바로 EU와 환경 단체입니다. EU와 환경 단체는 예전부터 팜유 생산과 소비에 대해 부정적인 시선을 보내고 있거든요. 지금부터 왜 그들이 팜유를 부정적으로 보는지, 그 이야기를 해봅니다.

팜유는 원래 서아프리카에서 주로 재배됩니다. 1960년대의 생산량을 비교해 보면 나이지리아와 콩고 공화국이 상당한 부분을 차지하고 있죠. 말레이시아에선 곤충을 통한 수분 기술이 도입된 1970년대부터 생산량이 크게 증가했습니다. 거기에 정부 차원에서 빈곤 퇴치 수단으로 팜유 사업에 뛰어들면서 규모가 크게 확장됐죠. 기름을 추출하는 기술에 막대한 투자를 하고, 팜유 농가에 세금 혜택을 주기도 했습니다. 국제 사회에서도 말레이시아와 인도네시아의 팜유 생산에 큰 관심을 보이고 세금 공제나 대출 지원 등 금융 혜택을 주면서 산업이 급속도로 커졌습니다.

EU는 왜 팜유를 거부할까?

환경 단체와 EU에선 팜유 생산이 지속 가능하지 않다는 점을 지적하고 있습니다. 우선 첫 번째로 팜유 생산이 생물 다양성을 훼손하고 있다는 점입니다. 팜유 수요가 늘자 동남아시아의 많은 농장이 너도나도 팜유 생산에 나서기 시작했습니다.

기존에 있던 열대 우림을 없애고 기름야자나무를 심고 있죠. 열대 우림이 기름야자나무 농장으로 바뀌면서 종의 다양성은 크게 감소했습니다. 국제자연보전연맹IUCN은 팜유 생산이 최소 193종의 멸종 위기종에 악영향을 미치고 있다고 경고했습니다.

열대 우림을 개간하면서 사라지고 있는 대표적인 종이 오랑우탄, 호랑이입니다. 특히 인도네시아와 말레이시아가 주요 서식지인 오랑우탄이 큰 수난을 받고 있죠. 1999년부터 2015년 사이에만 서식지 파괴로 무려 10만 마리의 오랑우탄이 목숨을 잃었습니다. 또 팜유 생산에 방해되는 동물이라는 인식이 생기면서 사냥당하기 일쑤였죠. 대신 기름야자나무 열매를 먹고사는 쥐와 다람쥐, 그리고 설치류를 먹고사는 뱀과 야생 돼지는 개간의 이점을 누렸습니다.

탄소 배출에도 악영향을 미치고 있습니다. 특히 열대 우림을 갈아엎을 때 화전, 즉 숲에 불을 질러 태워 버린다는 점이 문제입니다. 인도네시아에는 일반 산림보다 탄소를 18~28배 보유하고 있는 이탄지가 많습니다. 석탄처럼 완전히 탄화되지 않은 진흙 형태의 이탄이 쌓여 있는 지대에 불이 날 경우 어마어마한 양의 탄소가 발생합니다. 2015년 10월, 인도네시아는 산불로 약 260만 헥타르의 산림을 잃었습니다. 그중 33퍼센트가 이탄지였죠. 당시 인도네시아의 일일 평균 탄소 배출량이 미국을 넘어설 정도였습니다. 탄소 배출량 세계 1위인 중국을 넘어선 날도 14일이나 될 정도였습니다.

산불 연기가 동남아시아 다른 국가로 퍼져 나가면서 국가 간 분쟁으로 번지기도 했습니다. 2015년 산불로 발생한 연무는 말레이시아, 싱가포르, 태국, 베트남, 캄보디아, 필리핀을 휩쓸 정도로 심각했습니다. 당시 국제선 항공기가 취소되면서 동남아시아 국가의 항공 및 관광업이 피해를 겪기도 했습니다. 심한 지역은 임시 휴교령을 내리기도 했고요. 싱가포르에선 대기 오염을 초래한 인도네시아 회사들에 벌금을 내릴 수 있는 법적 조치를 고려했고, 태국은 인도네시아의 산불을 감시하는 프로그램을 시작했습니다.

그럼에도 불구하고 세계 1위

환경 파괴라는 지적을 받고 있는데도 도대체 왜 팜유는 계속해서 생산량이 늘어날까요? 이유는 바로 팜유를 대체할 만한 식용유가 없다는 데 있습니다. 팜유만큼 경제성이 뛰어난 기름이 없습니다. 가성비를 따지면 팜유는 다른 어떤 식용유보다 월등히 좋습니다.

주요 품목별로 1톤의 기름을 생산하는 데 필요한 토지가 어느 정도인지 살펴봅니다. 콩기름 1톤을 생산하기 위해서는 2헥타르의 땅이 필요합니다. 카놀라유 1톤을 생산하려

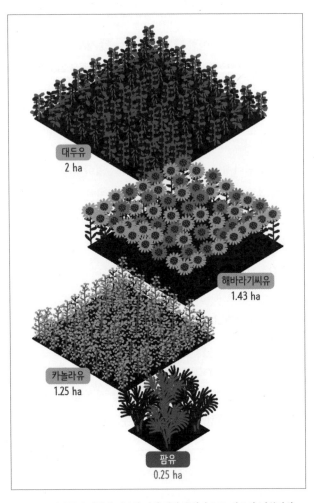

대두유
2 ha

해바라기씨유
1.43 ha

카놀라유
1.25 ha

팜유
0.25 ha

주요 품목별 생산에 필요한 단위 면적 ⓒ일러스트: 안준석/마부작침면 1.2헥타르의 토지가 필요하죠. 반면 팜유는 0.25헥타르면 끝입니다. 단위 면적당 생산량이 탁월하다는 장점이 있습니다. 게다가 앞에서 이야기한 것처럼 보존 기간이 길고 고온에서 잘 변하지 않아서 상품 가치가 높죠.

팜유를 생산할 때 토지를 적게 사용한다는 점은 생산하는 입장에서 돈이 덜 든다는 장점이 있습니다. 그런데 환경 측면에서도 긍정적인 부분이 있습니다. 만일 팜유 생산 과정에서의 환경 파괴를 막기 위해 팜유 대신 콩기름으로 바꾼다면 어떻게 될까요? 팜유를 생산하는 데 필요한 토지의 여덟 배가 더 필요하게 될 테니까 오히려 환경에 악영향을 미칠 수 있습니다. IUCN에서도 식물성 기름에 대한 수요가 줄지 않는 상태에서 팜유를 대체할 식용유가 없다고 인정하기도 했습니다. IUCN의 사무총장이 "유일한 해결책은 지속 가능성을 약속한 팜유를 생산하도록 협력하는 것뿐"이라고 말하기도 했습니다.

팜유 전쟁은 진행 중

팜유 생산에서의 환경 파괴 문제가 계속 화두에 오르자 팜유업계도 자구책을 마련했습니다. 팜유업계는 2004년에 지속 가능한 팜유산업협의체RSPO라는 단체를 만들었습니다. 이 단체는 팜유의 지속 가능한 생산 원칙을 만들었고, 이 원칙을 준수하는 기업을 인증하는 제도를 도입해서 환경 친화적인 팜유 산업을 만들기 위한 시도를 하고 있습니다.

하지만 여전히 환경 단체에서는 RSPO를 비판적으로 바라보고 있습니다. 지속 가능한 팜유 산업을 위한 규칙을 만들어 놓았지만 어겼을 경우 벌칙 조항이 애매하기 때문입니다. 2018년 그린피스는 RSPO가 삼림 벌채를 금지했음에도 여전히 허쉬, 켈로그, 하인즈 등 팜유를 사용하는 주요 25대 기업이 열대 우림을 파괴하고 있다고 폭로했습니다.

EU는 가장 적극적으로 나서 지속 가능한 팜유 산업을 만들도록 요구하고 있습니다. 독일, 네덜란드, 프랑스, 벨기에의 경우엔 100퍼센트 RSPO 인증을 받은 팜유만 구입하고 사용하겠다고 선언할 정도죠. 유럽의회에선 2030년까지 단계적으로 바이오디젤 원료에서 팜유를 제외하기로 결정했습니다.

인도네시아와 말레이시아는 EU 회원국의 콩기름, 카놀라유, 해바라기유 산업 활성화를 위한 조치라고 반발했습니다. 친환경의 탈을 쓰고 있지만 자신들의 산업을 키우려는 것 아니냐는 지적인 거죠. 무역 보복을 경고할 정도입니다. 말레이시아는 팜유 사용 금지가 가시화될 경우 EU에서 구입하려고 했던 전투기를 사지 않겠다고 했습니다. 인도네시아는 파리기후변화협약에서 탈퇴할 수 있다고 경고했습니다.

행동하는 기업이 늘어나도록

누텔라, 킨더 초콜릿, 페레로 로쉐로 유명한 이탈리아 제과 업체 페레로가 2022년 4월부터 말레이시아의 1위 팜유 업체 사임다비의 팜유를 사용하지 않겠다고 선언했습니다. 사임다비는 팜유 생산량을 늘리기 위해 강제 노동과 노동자 학대를 벌였다는 논란이 있습니다. 이 선언은 불법 행위를 저지른 업체의 팜유는 사용하지 않겠다는 세계 2위 제과 업체의 선제적이고 적극적인 행동으로 볼 수 있습니다. 페레로뿐만이 아닙니다. 허쉬 초콜릿의 허쉬, 하겐다즈의 제너럴 밀스도 사임다비의 팜유를 쓰지 않겠다고 선언했습니다. 팜유를 이용하는 바이어 업체에서 지속 가능한 팜유만 사용하겠다면 생산 업체가 눈치를 안 볼 수 없겠죠.

WWF는 전 세계에서 팜유를 사용하는 227개 기업을 대상으로 팜유 스코어를 계산해 발표[28]하고 있습니다. 바이어 기업들이 얼마나 지속 가능한 팜유를 사용하고 있는지, 얼마나 노력하고 있는지 판단해 보겠다는 겁니다. 뒤에 나오는 그래프가 바로 2021년 팜유 스코어를 나타낸 자료입니다. X축이 점수, Y축이 각 기업의 팜유 구매량을 의미합니다. 24점 만점에 평균 점수는 13.2점. 기업들의 적극적인 기여가 필요한 상황입니다. 20점을 넘는 업체는 단 아홉 개. 1위는 스위스의 유통사 쿱 스위스였고, 페레로가 21.71점으로 3위를 기록

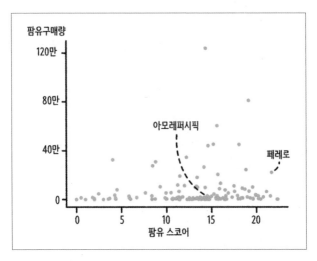

WWF 팜유 스코어 ⓒ일러스트: 안준석/마부작침

했습니다.

이번 분석에는 처음으로 한국 기업도 포함됐어요. WWF 는 국내의 열네 개 회사에 참여를 요청했고 그중 다섯 개(아모 레퍼시픽, 삼양, 롯데푸드, AK켐텍, 동남합성)만이 정보를 공개했 죠. 나머지 아홉 개 회사(농심, 효성, LG생활건강, 대상, CJ제일제 당, 미원상사, 오뚜기, SFC, 한송)는 공개하지 않았습니다. 우리 나라 기업들의 평균 점수는 4.5점. 전 세계 평균에 한참 못 미 치는 수준입니다. 그중 가장 높은 점수를 받은 곳은 14.5점의 아모레퍼시픽이었습니다. 우리나라 기업들이 정보를 공개하기 시작했다는 점에서는 긍정적이지만 다른 해외 기업의 점수와 비교했을 때 아직 많이 낮기 때문에 지속 가능한 팜유 산업을 위한 적극적인 노력이 필요해 보입니다.

앨범 vs 스트리밍

학교나 회사에 갈 때, 혹은 공부와 일에 집중할 때, 언제나 음악은 우리 곁에 있습니다. 아마 음악과 우리의 삶은 떼려야 뗄 수 없을 것 같습니다. 더 열정적인 팬들은 음반도 구매하고, 좋아하는 가수의 굿즈를 사 모으기도 합니다. 그런데 앨범이 골칫거리가 됐습니다. 인터넷 커뮤니티를 찾아 보면 집에 쌓여 있는 앨범을 어떻게 처리해야 할지 고민하는 사람들이 많습니다. 그게 다 쓰레기가 될 텐데 말이죠. 음악 시장이 환경에 미치는 영향을 데이터로 살펴봅니다. CD뿐만 아니라 부활한 LP, 그리고 스트리밍까지. 질문을 던집니다. 앨범과 스트리밍, 무엇이 더 친환경일까요?

포토 카드를 얻기 위한 노력

좋아하는 아이돌이 생기면 관련 굿즈도 모으고 싶은 게 인지상정입니다. 하지만 포토 카드가 랜덤으로 들어 있기 때문에 좋아하는 멤버의 포토 카드를 얻기 위해선 앨범을 많이 사야합니다. 팬 사인회도 비슷하죠. 팬 사인회 응모권은 앨범 한

장당 하나씩 들어 있는 만큼 팬 사인회에 가려면 앨범을 많이 사야 유리합니다. 안정적으로 팬 사인회에 갈 수 있는 앨범 구매량, 이른바 '팬싸컷'이라는 말도 나올 정도죠.

음악 청취용 앨범 한 장을 제외하면 나머지 수십 장의 앨범은 모두 쓰레기가 될 겁니다. 냉정하게 말하면 CD로 음악을 듣지 않으니 앨범 전부가 사실상 쓰레기라고 해도 과언은 아닐 겁니다. 그 규모는 얼마나 될까요? 우리나라 앨범 판매량[29]을 살펴보면, 2021년 연간 판매 상위 400위 안에 든 앨범 판매량이 무려 5708만 9160장입니다. 우리나라 인구수보다 많은 규모입니다.

CD는 폴리카보네이트라는 플라스틱으로 만들어지는데, 이건 매립지에서 자연 분해되는 데 무려 100만 년이 걸립니다. 사실상 분해가 되질 않는 거죠. 그 탓에 CD는 매립지나 소각로에서 처리해야 합니다. 그런데 폴리카보네이트 제작 과정에 환경 호르몬의 주범이 되는 가소제가 포함됩니다. 그래서 소각 과정에서 엄청난 유독 가스가 발생합니다. 여기에 앨범 포장용 비닐과 앨범에 포함된 다른 부속물들까지 포함한다면? 앨범 판매로 생기는 환경 부담이 상당합니다.

한정판 LP도 마찬가지입니다. 바이닐이라고 부르는 레코드판은 없어서 못 팔 정도입니다. 한정판으로 발매하면 팬들이 너도나도 구매해서 매진 행렬은 기본이고 더 비싼 값에

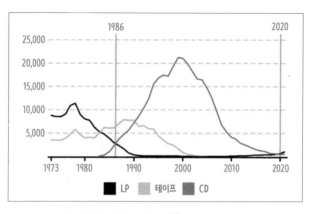

미국 음반 매출액, 단위: 100만 달러[30] ⓒ일러스트: 안준석/마부작침

되파는 경우도 많습니다. LP의 유행은 국내에 그치는 게 아닙니다. 위의 그래프는 미국의 음반 매출액을 나타낸 그래프인데, 2020년에는 1986년 이후 처음으로 LP 매출이 CD를 넘어섰습니다. LP가 맞은 제2의 전성기라 할 만하죠.

그런데 이 LP를 만드는 데 사용하는 플라스틱이 상당히 질 나쁜 플라스틱으로 유명합니다. 바로 PVC인데, PVC의 주요 원료인 염화 비닐은 WHO의 국제암연구소에서 지정한 1급 발암 물질입니다. CD처럼 LP도 소각할 때 독성 가스와 환경 호르몬이 대량으로 발생합니다. 음반 판매량이 늘어나는 만큼 버려지는 플라스틱의 양도 늘어날 수밖에 없습니다.

플라스틱과 함께 춤을

LP에서 카세트, 그리고 CD까지……. 시대가 발전하면서 음반의 형태는 조금씩 달라졌고, 소비도 그에 맞춰 변했습니다. 앞에서 봤던 그래프처럼 LP의 시대가 지고 카세트가 떠올랐고, 또 어느새 CD가 등장하면서 다른 모든 음반을 압도하기도 했습니다. 그에 맞춰 소비가 이뤄졌고 음반을 만드는 데 쓰인 수많은 플라스틱은 폐기물로 버려졌습니다. 그 규모는 어느 정도일까요?

영국의 글래스고대학교와 노르웨이의 오슬로대학교가 공동으로 연구한 자료[31]가 하나 있습니다. 음악 소비가 얼마만큼의 환경적 비용을 초래했는지 음반 시장을 분석한 건데, 마부뉴스가 이 데이터를 가지고 그래프를 그렸습니다. 시점은 각 음반의 최고 전성기를 기준으로 했습니다. 우선 1977년, 미국에서 LP 판매가 정점이었던 때를 봅니다. 이때 음반 시장에서 사용한 플라스틱은 무려 5만 7884톤입니다. 그중 71.3퍼센트가 LP에서 나왔습니다. 1~3곡 정도의 적은 곡만 수록한 LP 싱글까지 포함하면 그 비율은 95.1퍼센트까지 올라갑니다.

1988년 음반 시장에서 배출된 플라스틱은 1977년보다 감소한 5만 5544톤입니다. 이때엔 카세트가 전체 음반 시장에서 배출된 플라스틱 양 중에 64퍼센트를 차지했습니다. 그

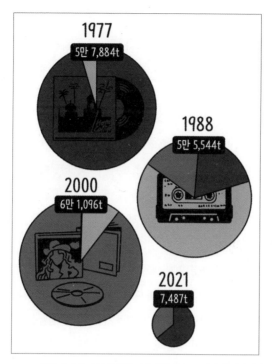

음악 소비에 따른 환경적 비용 ⓒ일러스트: 안준석/마부작침

로부터 12년 뒤인 2000년엔 CD가 다른 모든 매체를 압도해 버립니다. 2000년 한 해에만 6만 1096톤의 플라스틱이 나왔는데 이 중 89.4퍼센트가 CD였습니다. 이제는 대부분 음악 소비가 스트리밍과 다운로드로 이뤄지는 만큼 플라스틱 배출이 확 쪼그라들었습니다. 2021년에 배출된 플라스틱은 7487

톤으로 2000년의 12.3퍼센트 수준이죠.

음반뿐만이 아닙니다. 콘서트와 페스티벌도 환경 오염을 피해 갈 수 없습니다. 코첼라 페스티벌은 미국 최대 음악 축제로 불리는데, 이 페스티벌에서만 연간 1612톤의 폐기물이 발생합니다. 페스티벌 기간에는 하루에 107톤의 폐기물이 쏟아지죠. 하지만 이 중 재활용되는 건 20퍼센트에 불과합니다. 세계 최대의 록 페스티벌 글래스톤베리 페스티벌이 열리는 영국은 더 심각합니다. 여름에 열리는 축제만 따져 봤을 때 매년 2만 3500톤의 폐기물이 나올 정도죠.

스트리밍에 숨겨진 환경 오염

이제는 덕질이 앨범과 굿즈로 끝나질 않습니다. 스트리밍과 뮤직비디오가 음악 방송 순위에 영향을 주는 만큼 팬들은 음원 재생 수와 영상 조회 수를 놓칠 수 없기 때문이죠. 아이돌을 좋아하는 팬뿐만 아니라 많은 사람이 스트리밍이나 유튜브로 음악을 즐길 겁니다. 앞에서 계속 이야기한 것처럼 기존 음반은 플라스틱으로 만들어야 하니 폐기물 문제가 있지만, 스트리밍은 실물이 없으니까 환경 오염 문제가 없다고 생각할 수 있습니다. 기술이 환경을 보호해 준다고 말이죠.

그런데 사실 그렇지만은 않습니다. 스트리밍할 때도, 유튜브로 영상을 볼 때도 탄소가 배출됩니다. 탄소가 어디서

스트리밍이
배출하는 탄소
20만 5,607 t

음반 쓰레기가
배출하는 탄소
15만 7,633 t

2016년

2000년

ⓒ일러스트: 안준석/마부작침

배출되는지 우선 스트리밍의 원리부터 살펴봅니다. 우리가 스트리밍으로 듣는 음악 파일은 기업의 데이터 센터에 저장 돼 있습니다. 스마트폰으로 음악을 검색하면 데이터 센터에 있는 음악 파일이 네트워크를 통해 중계 장치인 라우터로 전 송됩니다. 이 라우터가 와이파이를 통해 스마트폰으로 파일 을 전송하면 비로소 음악이 들리는 겁니다. 그런데 와이파이 를 가동하고 데이터 센터, 라우터 등의 시설을 운영하는 데 전 력이 많이 들어갑니다. 그리고 전력을 생산하면서 탄소가 배 출되죠.

CD가 최고점을 찍었던 2000년에 음반으로 인해 발생한 온실가스는 15만 7633톤이었습니다. 그런데 2016년에는 그보다 훨씬 많은 20만 5607톤의 온실가스가 발생했습니다. 음원을 스트리밍하고 다운로드하는 사람들이 많아지면서 기업들은 서버를 늘렸고, 다운로드와 스트리밍 속도를 높여 왔습니다. 음악 산업에 막대한 전력이 사용되면서 오히려 과거보다 더 많은 탄소를 배출하고 있는 상황입니다. 스포티파이와 애플 뮤직 같은 구독 서비스로 인해 매년 배출되는 온실가스의 규모는 20만 톤에서 35만 톤 정도로 추산됩니다. 코로나19 기간 동안 공연에 가고 싶어도 갈 수 없었던 음악 팬들은 그 아쉬움을 스트리밍 서비스로 달랬습니다. 2021년의 수치는 2016년의 그것보다 훨씬 크겠죠.

음악뿐만 아니라 다른 인터넷 서비스를 이용할 때도 온실가스는 발생합니다. 당장 이 글을 인터넷 기사로 읽는다면 최소 72밀리그램의 이산화탄소가 배출됩니다. 인터넷과 컴퓨터를 비롯한 수많은 IT 기기는 네트워크 단계뿐만 아니라 모든 과정에서 탄소를 배출하고 있습니다. 이걸 디지털 탄소 발자국이라고 부릅니다. '아무리 디지털을 이용하는 사람들이 많다고 해도 탄소 배출량이 얼마나 될까' 하며 과소평가할 수 있지만, 국제에너지기구IEA는 전 세계 데이터 센터와 데이터 전송 네트워크에 드는 전력이 전 세계 전력 수요의 2퍼센트를 차지할 정도로 보고 있어요. 이건 전 세계 항공 산업에 사용되는 전력량에 필적하는 수준입니다.

죽은 행성엔 음악도 없다

앨범을 사면 플라스틱이 나오고, 스트리밍을 하면 탄소가 나옵니다. 그야말로 진퇴양난의 상황이죠. 이 상황을 극복하기 위해 음악계가 움직이고 있습니다. 해외에선 지속 가능한 LP를 생산하는 레이블이 속속 등장하고 있습니다. 영국의 니드-낫 포 프로핏Needs-Not for Profit 레이블은 재활용 가능한 LP를 만들고 있습니다. 인디 레이블을 중심으로 자체적으로 탄소 발자국을 50퍼센트까지 감축하겠다고 선언하기도 했습니다.

가수들도 환경을 위한 목소리를 내고 있습니다. 영국 록 밴드 콜드플레이는 2019년 발매한 〈Everyday Life〉 앨범을 프로모션 할 때 탄소 중립이 보장되지 않는다면 투어에 나서지 않겠다고 발표했습니다. 아예 자체적으로 전기를 생산하는 댄스 플로어를 만들기도 했습니다. 팬들이 공연장에서 뛰어야만 전력이 생산되고, 그래야 무대에 불이 켜지는 식으로 말이죠. 미국의 싱어송라이터 빌리 아일리시는 앞으로 본인의 공연장에서 빨대를 금지하고 일회용 물병을 없앨 계획을 밝혔습니다. 관객들은 빌리 아일리시의 공연을 즐기기 위해선 물병을 들고 와야 합니다. 빌리 아일리시는 "No Music

On A Dead Planet"이라는 문구가 적힌 옷을 입고 공연을 하기도 했죠.

스트리밍 업체들도 가만히 있는 건 아닙니다. 스포티파이는 과거 일곱 개의 데이터 센터를 두고 서버를 운영했는데, 미국의 데이터 센터를 모두 폐쇄하고 재생 에너지로 운영하는 구글 클라우드 플랫폼으로 바꿨습니다. 탄소 배출을 줄이기 위한 과감한 선택이죠. 하지만 클라우드 기업이 재생 에너지를 사용해서 데이터 센터에 전력을 공급한다고 대외적으로 이야기하지만 여전히 화석 연료를 사용하고 있는 곳도 많아서 비판을 받고 있기도 합니다.

K-POP의 상황은?

그렇다면 K-POP은 어떤 노력을 하고 있을까요? K-POP은 나날이 성장하고 있습니다. 굳이 아이돌 팬이 아니더라도 K-POP의 위상이 달라진 건 많은 사람이 피부로 느낄 수 있을 겁니다. 2021년 우리나라의 음반 수출액은 2억 2084만 달러였습니다. 우리 돈으로 무려 2624억 원이죠. 2017년엔 4418만 달러였는데 5년 사이에 다섯 배 가까이 늘어난 겁니다.

국내 음반 판매량을 통해서도 K-POP의 성장세를 알 수 있습니다. 과거에는 100만 장 이상의 앨범 판매량을 구경하기 어려웠던 음반 시장이었는데, 어느새 100만 장이 많아

©일러스트: 안준석/마부작침

졌거든요. 가온차트 기준으로 2017년에 오랜만에 100만 장 앨범이 등장했고, 2022년엔 무려 열한 장이 100만 장 이상을 기록했습니다.

하지만 이 수치가 건강한 판매량이라고 보긴 어려울 겁니다. 우리나라의 음반 구조는 굿즈나 팬 사인회를 위해서 앨범을 더 구매하도록 유도하고 있으니까요. 앨범을 구매하자마자 버리는 팬들이 많아서 판매처에서 아예 따로 버릴 수 있도록 공간을 마련할 정도입니다. 요상하게 뒤틀린 K-POP 음반 시장을 바꾸기 위해 팬들이 먼저 움직이고 있습니다.

인도네시아의 EXO 팬 누룰 사라파Nurul Sarifah가 만든

'KPOP 4 Planet'이라는 단체가 있습니다. 이 단체는 K-POP 팬들이 환경을 지키면서 마음 편하게 덕질을 할 수 있도록 앨범 제작사에 목소리를 냅니다. 팬들이 굿즈를 사기 위해 어쩔 수 없이 구매한 앨범들을 모아서 소속사에 보내는 식으로 말이죠. 또 2022년에 열릴 콘서트는 친환경 콘서트여야 한다고 목소리를 높이기도 했습니다. 친환경 에너지를 사용하고 일회용 플라스틱을 사용하지 말아 달라고요. 팬의 목소리를 듣고 일부 소속사와 가수들은 친환경 재질의 앨범을 내고 있지만 구조적인 변화까지 이어지기엔 아직 갈 길이 멀어 보입니다.

현금을 안 써도 되는 세상

지하철을 타고 출근하는 사람들, 현금을 사용하지 않고 카드만 대면 끝입니다. 신용 카드의 후불 교통 카드 기능을 사용하면 따로 충전하는 번거로움 없이 대중교통을 이용할 수 있죠. 동료들과 점심 식사 후에 송금할 일이 있다면? 내 몫의 금액을 간단하게 모바일로 보내면 끝입니다. 퇴근 후 업무 스트레스를 날려 버리기 위해 인터넷 쇼핑을 하기도 합니다. 장바구니에 넣어 뒀던 소중한 상품들도 간단히 ○○페이를 이용해 결제하면 금방입니다.

참으로 일상적인 하루죠? 하루 일과에서 구경할 수 없는 것이 하나 있는데, 무엇인지 감이 오시나요? 바로 현금입니다. 하루 동안 여러 번의 지출이 있는데도 불구하고 현금은 단 1원도 사용되지 않았습니다. 모든 것이 전자 화폐로 해결됐죠. 최근 현금을 사용한 적 있나요?

우크라이나를 위한 기부, 암호 화폐로

잠깐 우크라이나 이야기를 해볼게요. 러시아가 우크라이나를 침공한 후, 우크라이나 정부는 각국에 구호 물품을 요청했습니다. 2022년 2월 말, 우크라이나 정부는 온라인 모금 사이트를 열었는데, 암호 화폐로 기부를 받기도 했습니다. 전통적인 모금보다 암호 화폐 모금 절차가 훨씬 간단한 덕분에 전 세계

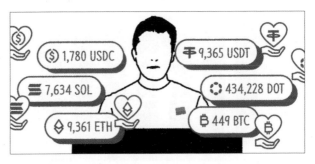

©일러스트: 안준석/마부작침

에서 많이 참여했죠. 비트코인, 이더리움, 테더 등 두 달 막 지난 시점에 집계된 모금액은 6572만 달러를 넘어섰습니다. 우리 돈으로 800억 원이 넘는 돈이죠. 암호 화폐뿐만 아니라 전쟁의 참상을 NFT로 기록해서 발행하기도 했는데, 네 달 지난 시점에 77만 달러를 판매했습니다. 우리의 하루에서도 우크라이나 전쟁에서도 현금의 모습을 찾아보긴 힘듭니다. 실생활에서 점점 현금의 모습은 사라져 가고 있는 듯해요.

현금을 안 써도 되는 세상

현금 이용은 계속 줄고 있습니다. 선진국을 중심으로 현금 이용이 지속적으로 감소하고 있죠. 스웨덴, 영국은 2000년대 이후부터 신용 카드와 모바일 중심으로 소비가 이뤄지면서 현금 없는 사회로 빠르게 진전했습니다. 스웨덴은 아예 손등에

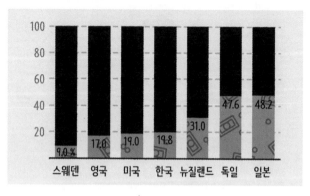

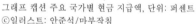

그래프 캡션 주요 국가별 현금 지급액, 단위: 퍼센트
ⓒ일러스트: 안준석/마부작침

심은 마이크로칩으로 결제를 할 정도니까요. 주요 국가들의
현금 결제 비중을 나타낸 그래프[32]입니다. 2020년 기준 스웨
덴의 현금 결제 비중은 9.0퍼센트에 불과하죠. 2018년 기준
우리나라의 현금 결제 비중도 19.8퍼센트로 상당히 낮은 편
에 속합니다.

　과거에 비해 확실히 현금 이용의 편의성이 줄어들었습
니다. 접근성도 떨어졌죠. ATM기와 은행 지점 수도 감소했습
니다. 한국은행의 데이터[33]로 인구 10만 명 대비 ATM 설치 건
수를 분석하면, 2013년 수치가 246.4대로 가장 높습니다.
2020년에는 226.9대로 2013년 대비 7.9퍼센트나 감소했죠.
은행 지점 수도 비슷한 흐름입니다. 인구 10만 명 대비 전국

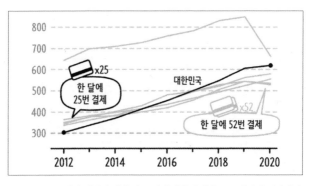

주요 국가별 일인당 연간 카드 결제 현황 ⓒ일러스트: 안준석/마부작침

상업 은행 점포 수를 살펴보면 2012년 15.6개로 최고점을 찍고 감소합니다. 2020년엔 12.7개로 2012년 대비 18.4퍼센트나 줄어들었어요.

위 그래프는 국제결제은행BIS 데이터[34]를 바탕으로 그린 주요 국가별 일인당 카드 결제 횟수입니다. BIS에서 주요 국가들의 중앙은행 자료를 확인할 수 있는데, 그중 연간 결제 횟수가 300회 이상인 국가만 골라서 그래프를 그렸습니다. 우리나라는 2012년 303.6회, 그러니까 하루에 0.8번, 한 달에 25번꼴로 카드를 긁었습니다. 2020년 620.7회로 싱가포르에 이어 2위를 차지했습니다. 하루에 1.7번 카드 결제가 이뤄진 거죠. 2020년은 코로나19 바이러스 확산으로 비대면 거래가 늘어난 탓에 주요 국가들의 카드 결제 횟수가 감소했습니다.

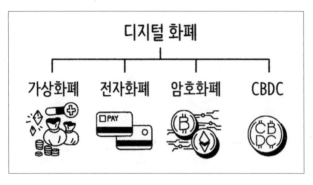

©일러스트: 안준석/마부작침

카드를 긁을 필요 없이 모바일로 결제하면 되니까요.

기술이 워낙 발전하다 보니 모든 산업 부문에서 디지털 전환이 가속화됐습니다. 네이버, 카카오 등 빅테크 기업 중심으로 새로운 지급 결제 서비스가 등장했고, 코로나19 바이러스 확산으로 비대면 거래가 확 늘어났습니다. 카카오페이, 네이버페이, 삼성페이 등 전자 화폐뿐만 아니라 비트코인, 이더리움 같은 암호 화폐도 거래에 사용되고 있죠. 앞에서 이야기한 우크라이나의 암호 화폐 모금이 놀라운 일이 아니게 된 겁니다. 어찌 보면 우리가 살아가는 이 시점은 역사적인 화폐 전환기라고 볼 수 있을지 모릅니다.

그렇다면 전자 화폐, 암호 화폐 정확하게 무엇이 다를까요? 디지털 화폐는 전자 화폐Electronic Currency, 가상 화폐Virtual

Currency, 암호 화폐Crypto Currency, CBDC 정도로 구분할 수 있습니다. 전자 화폐는 페이팔, 삼성페이, 카카오페이, 네이버페이처럼 금융 회사나 전자 금융업자가 발행하지만 현금과 동일한 가치로 교환할 수 있죠. 반면 가상 화폐는 발행 주체가 금융 회사나 전자 금융업자가 아니라 기업인 경우를 뜻합니다. 인터넷이나 게임에서 사용할 수 있는 캐시나 쿠폰 등이죠. 암호 화폐는 발행 주체가 정해져 있지 않습니다. 누구나 알고리즘만 풀 수 있다면 발행할 수 있습니다. 다른 디지털 화폐와 다르게 가치가 고정돼 있지 않고 수요와 공급에 따라 바뀌죠. CBDC는 정부에서 발행하는 디지털 화폐인데 좀 더 자세한 내용은 뒤에서 설명해 볼게요.

CBDC를 만드는 국가들

현금이 사라지고 디지털 경제로 급격하게 전환되는 시기, 정부와 중앙은행도 잠자코 있지만은 않습니다. 화폐라는 게 보편적인 지급 수단의 역할을 해야 하는데 정부와 중앙은행이 발행하는 현금이 예전만치 역할을 못 하고 있죠. 게다가 민간 테크 기업이 영향력을 높이고 있으니 중앙은행도 움직이기 시작한 거죠. 그래서 등장한 게 CBDC라는 새로운 화폐입니다.

생소한 단어지만 하나하나 뜯어 보면 의미를 쉽게 알 수 있습니다. CBDC를 풀어 보면 Central Bank Digital

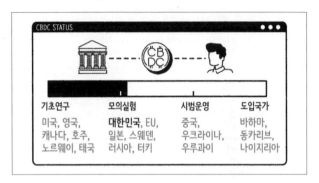

국가별 CBDC 도입 현황 ⓒ일러스트: 안준석/마부작침

Currency인데, 말 그대로 중앙은행에서 발행하는 디지털 화폐를 뜻합니다. 2010년대 중반, 최초의 암호 화폐 비트코인이 등장하면서 중앙은행도 관련 기술에 관심을 갖기 시작했습니다. 네트워크 기술이 날로 발전하면서 분산 원장, 일종의 탈중앙화 기술이 주목받기 시작했습니다. 그리고 2015년 영국 중앙은행이 CBDC 발행의 필요성을 처음으로 세상에 알리면서 CBDC라는 새로운 개념이 등장한 거죠.

중남미와 아프리카 지역의 일부 신흥 국가는 이미 CBDC를 도입하기도 했습니다. 바하마는 2020년 10월에, 동카리브 국가기구와 나이지리아는 2021년에 CBDC를 도입해서 파일럿 실험을 했습니다. 중국과 우루과이, 우크라이나는 시범적으로 CBDC를 운영하고 우리나라도 관련 실험을 진행했습니다. 카카오가 한국은행의 디지털 화폐 시범 사업자로 선정되면서 2021년부터 모의실험을 진행했습니다. 2022년 기준 모의실험에 들어간 국가는 우리나라를 포함해 6개 정도입니다.

주목할 만한 건 중국의 CBDC입니다. 중국은 주요국 중에 디지털 화폐 도입 가능성이 가장 큰 국가로 거론됩니다. 2022년 베이징 동계 올림픽에서 외국인을 대상으로 디지털 위안화e-CNY를 개방하기도 했어요. 베이징, 상하이 등 열한 개 도시에 시범 보급하면서 2021년 말 기준으로 누적 거래액이 875억 위안을 기록했습니다. 알리바바의 기업 상장을 무력화한 이면에도 디지털 위안화가 있다는 얘기가 들렸을 정도로 중국은 CBDC 도입에 진심을 보였습니다.

왜 이렇게까지 한 걸까요? 바로 디지털 화폐에서 미국 달러가 되기 위해서죠. 미국 달러는 현실 세계에서 기축 통화로서 지위를 갖고 있습니다. 그만큼 세계 경제에 미치는 영향력도 대단하죠. 미국의 한마디로 전 세계 경제 방향이 바뀌기도 할 정도니까 말입니다. 중국은 미국의 상대국이자 G2로 불리기도 하지만 달러 패권을 깨뜨리는 건 쉽지 않습니다. 현실 세상에서 미국의 달러 패권을 흔드는 게 힘들다면, 디지털에서 기축 통화가 되겠다는 거죠. 디지털 세상의 통화 패권을 쥐겠다는 중국의 욕망이 담겨 있는 겁니다. 중국이 CBDC 개발에 속도를 내자 잠잠했던 미국도 움직이기 시작했습니다. 2022년 3월, 바이든 대통령은 디지털 달러를 공식적으로 추진한다고 밝혔습니다.

현금 없는 사회 Good or Bad?

국가에서 준비하는 CBDC, 민간에서 내놓는 디지털 화폐까지. 현금 없는 사회는 이미 도래한 것 같죠. 현금 없는 사회가 되면 무엇이 달라질까요? 스마트폰만 있으면 일사천리로 구매, 금융 거래까지 다 할 수 있으니까 일단 편리합니다. 현금으로 주고받던 때보다 시간은 단축되고, 현금을 관리하고 저장하기 위해 신경 쓸 일이 없습니다.

그런 이야기도 들어 봤을 겁니다. 10원 동전 하나 만드는 데 10원보다 훨씬 큰돈이 들어간다는 이야기 말이죠. 2006년 이전까지 10원 동전 하나를 만드는 데 대략 30~40원이 들었습니다. 2006년엔 그걸 줄여 보려고 10원 동전의 금속 구성을 바꿨는데, 여전히 10원 하나에 20원에 가까운 금액이 들고 있죠. 현금 없는 세상에선 이렇게 동전, 지폐를 만드는 데 돈이 들지 않으니까 비용이 절약되는 장점도 있습니다.

또 하나의 장점은 전자 기록으로 투명성이 확대된다는 점입니다. 내가 가지고 있는 1000원짜리 지폐 한 장이 어디서 왔는지 아무도 모릅니다. 물론 직전의 거래까지는 기억에

남아 있을 수 있지만 지폐 한 장, 동전 하나가 나에게 들어오기까지 거래 내역은 아무도 알 수 없죠. 디지털로 거래가 이뤄지는 현금 없는 사회에선 현금의 익명성이 사라질 수 있어요. 모든 거래의 흔적이 디지털 기록으로 남을 테니까요. 자금 세탁 같은 범죄를 예방할 수 있는 거죠.

물론 긍정적인 측면만 있는 건 아닙니다. 일단 모든 게 전자 시스템으로 이뤄지다 보니 시스템이 다운될 경우 답이 없습니다. 결제 자체가 이뤄지지 않을 수 있거든요. 해외에서 비슷한 상황이 발생하기도 했어요. 아까 동카리브가 이미 CBDC를 도입했다고 했죠. 동카리브의 디지털 화폐DCash는 2022년 1월 기술적인 이슈로 몇 주간 오프라인 상태였습니다. 당연히 디지털 화폐를 통한 거래는 이뤄지지 못했죠.

또 모든 게 전자로 기록된다는 건, 다르게 말하면 나의 모든 경제 활동을 정부가 속속들이 알 수 있다는 겁니다. 디지털 화폐를 이용하는 사람의 모든 거래 기록이 전자적으로 저장된다는 거니까요. 내가 어디서 뭘 구매했는지, 또 얼마나 구매했는지, 모든 걸 정부는 알 수 있다는 거죠. 사생활 침해 이슈도 뜨거운 감자입니다. 그런 점에서 중국이 CBDC에 가장 유리한 국가라고 분석하기도 합니다. 다른 민주 국가에선 사생활을 침해하지 않도록 법적 제도가 만들어져야 하지만 국가의 권력이 센 중국은 상대적으로 접근하기 쉬울 수 있다는 거죠.

　　디지털 화폐가 통용될 경우, 디지털 약자가 경제 활동에서 소외될 가능성이 생긴다는 것도 고려해야 할 부분입니다. 고령층과 장애인 등은 현금 의존도가 상대적으로 다른 계층보다 높은데, 현금 없는 사회가 돼버리면 현금 결제가 근본적으로 어려워질 테니 큰 불편을 겪을 수 있거든요. 현금 없는 사회에 가장 가까이 있는 스웨덴에서 설문 조사를 하니 기본 결제 서비스에 대한 고령층의 만족도가 낮게 나오기도 했어요.

　　현금 없는 세상에 대해 데이터로 살펴봤습니다. 화폐의 미래는 어떨까요? 현금 없는 세상은 거스를 수 없는 미래일까요? 디지털 화폐가 결국 현금을 대체하게 될까요? 아니면 현금을 보완하는 데 그칠까요?

파괴적인 혁신, 아직 가능할까

챗GPT의 월간 사용자 수가 1억 명을 돌파하는 데 걸린 시간은 단 2개월. 인스타그램이 1억 명을 달성하는 데 걸린 시간은 2년 6개월입니다. 유튜브는 2년 10개월 걸렸고요. 구글은 8년이 걸렸다고 합니다. 마이크로소프트는 챗GPT를 심은 검색엔진 빙을 발표했고, 이에 뒤질세라 구글도 바드라는 챗봇을 공개했습니다. 이런 상황을 보면 우리 주변의 기술이 정말 미친 듯한 속도로 발전하고 있는 것 같습니다. 하루가 다르게 기술이 진화한다는 느낌이 드는 오늘날, 정말 그럴까요?

챗GPT는 알까

거두절미하고 챗GPT에게 물었습니다. 기술은 점점 더 빠르게 발전하고 있냐고 말이죠. 질문을 던진 챗GPT는 웹 액세스 기능을 추가한 web-챗GPT 버전입니다. 비교적 가까운 시일 내 인터넷에 올라온 정보까지 접근 가능한 챗GPT이니 더 정확한 정보를 얻을 수 있겠다는 기대였습니다.

챗GPT가 바로 대답해 줬습니다. "네, 기술은 과거보다 빠르게 발전하고 있습니다." 챗GPT가 근거로 들었던 건 컴퓨터의 성능 발전, 데이터 양의 증가, 데이터 스토리지의 개선 정도입니다. 지금부터 챗GPT가 이야기한 데이터를 중심으로 기술이 얼마나 발전해 왔는지 검증해 봅니다.

먼저 데이터의 양부터 살펴봅니다. 인류가 여태껏 생산한 모든 데이터를 합치면 얼마나 될 것 같나요? 2018년 기준으로 인간이 만든 데이터의 용량은 33제타바이트(ZB) 정도입니다. 1제타바이트는 1,000,000,000,000,000,000,000바이트로 0이 21개나 붙어 있는 단위입니다. 익숙한 단위로 환산하면 조, 경, 다음 단위를 사용해서 10해라고 표현할 수 있죠. 호주국립대학교의 천문학자들이 현대 망원경으로 볼 수 있는

1 byte		
10^3 byte	KB (kilobyte)	- - - - 일반적인 텍스트
10^6 byte	MB (megabyte)	- - - 일반적인 고화질이미지
10^9 byte	GB (gigabyte)	- - - - 일반적인 동영상
10^{12} byte	TB (terabyte)	
10^{15} byte	PB (petabyte)	
10^{18} byte	EB (exabyte)	- - - - 2003년까지 전 세계 Data = 5EB
10^{21} byte	ZB (zettabyte)	- - - 2018년까지 전 세계 Data = 33ZB
10^{24} byte	YB (yottabyte)	
10^{27} byte	RB (ronnabyte) NEW	
10^{30} byte	QB (quettabyte) NEW	

데이터 용량 단위 ⓒ일러스트: 안준석/마부작침

별을 추정한 게 70제타 개 정도입니다. 얼마나 대단한 양인지 알겠죠?

인간이 생산하는 데이터의 용량은 2025년 최대 181제타바이트까지 커질 것으로 예측됩니다. 2030년엔 해마다 생산하는 데이터가 1요타바이트(YB), 즉 10의 24제곱 바이트에 이를 것이라는 전망도 나오고 있죠. 2022년 11월 18일, 국제단위를 결정하고 관리하는 국제도량형총회는 가까운 미래에 10의 24제곱보다 훨씬 큰 규모의 수치 정보를 표현해야하는 상황이 올 거라는 판단을 내렸습니다. 10의 27제곱과 10의 30제곱을 나타내는 새로운 단위를 만들기까지 했습니다. 10의 27제곱은 론나(R), 10의 30제곱은 퀘타(Q)라는 이름이 붙었습니다.

론나라는 단위가 얼마나 큰지 예를 들어 봅니다. 우리가 관측할 수 있는 우주의 크기는 지구를 중심으로 약 465억 광년 정도입니다. 465억 광년이 어느 정도냐. 빛의 속력은 1초에 2억 9979만 2458미터를 이동할 수 있는데, 이 속력은 물질 혹은 에너지가 가질 수 있는 최대 속력입니다. 이 속도로 465억 년 동안 가야 하는 거리가 바로 465억 광년인 겁니다. 지름으로 보면 930억 광년인 건데 이걸 미터로 표현하면 8.8×10의 26제곱미터로 표현할 수 있어요. 론나 단위를 사용하면 0.88론나미터(Rm). 천문학적인 규모도 론나 단위를 사용하면 1이 되질 않습니다.

아이러니하게도 단위 상승을 이끄는 건 거대한 우주가 아닌 아주 작은 반도체 칩입니다. 그 안에서 이뤄지는 컴퓨터와 데이터 과학입니다. 데이터의 양은 과거보다 훨씬 빠른 속도로 늘어나고 있습니다. 그리고 그걸 바탕으로 학습하는, 바로 챗GPT 같은 AI 모델들이 막대한 데이터를 양분 삼아 엄청난 속도로 성장하고 있어요.

데이터 처리 능력의 가속 발전

단순히 데이터의 양만 늘어나는 게 아니라 그걸 처리하고 연산하는 컴퓨터의 능력도 좋아지고 있습니다. 무어의 법칙을 들어본 적 있을 겁니다. 집적 회로의 트랜지스터 수가 2년마다 두 배로 증가한다는 법칙을 말하죠. 인텔의 공동 창립자 고든 무어의 이름을 따서 만들어졌습니다.

집적 회로는 전기 회로와 반도체를 모아 하나의 칩으로 구현한 걸 의미합니다. 마치 압축 파일처럼 칩 하나에 욱여넣는 거죠. 집적 회로에 주로 들어가는 반도체 소자가 트랜지스터인데, 트랜지스터가 많으면 많을수록 전자 기기의 성능이 좋아진다고 볼 수 있습니다. 컴퓨터의 두뇌 격인 CPU에 이 집적 회로가 사용되면서 컴퓨터의 크기는 줄어들고 성능은 고도화되는 혁명 같은 발전이 이뤄진 거죠.

무어의 법칙은 오른쪽 그래프와 같이 표시할 수 있습니다. 1971년부터 2021년까지 50년간 주요 집적 회로의 트랜지스터 수를 나타낸 겁니다. 트랜지스터 수는 말 그대로 기하급수적으로 늘었습니다. 1971년 세계 최초 CPU인 Intel 4004에 사용된 트랜지스터는 2300개 정도였습니다. 그로부터 50년 뒤, 2021년 애플이 공개한 M1 Max 칩에 사용된 트랜지스터는 무려 570억 개입니다. 50년 사이 트랜지스터 개수는 2478만 배 이상 뛰어올랐어요.

데이터도 많아지고, 이를 가지고 연산하는 컴퓨터의 성능도 기하급수적으로 좋아졌습니다. 이를 활용하는 인공지능

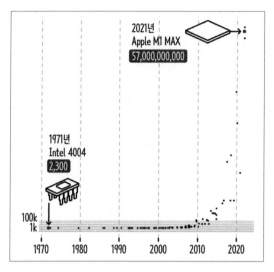

1971~2021년 주요 집적 회로의 트랜지스터 수[35]
©일러스트: 안준석/마부작침

역시 엄청난 발전 속도를 자랑하고 있습니다. 스탠퍼드대학교에서 발간한 AI 보고서를 보면 2010년 이후 인공지능의 성능 향상 속도는 무어의 법칙보다 일곱 배나 빠릅니다. 집적 회로 성능이 2년에 두 배씩 향상한다면 인공지능 성능은 3.4개월에 두 배씩 좋아지고 있는 거죠.

성능이 좋아지면서 비용은 물론 학습에 걸리는 시간도 점점 줄어들고 있습니다. 2018년 이후 인공지능이 이미지를 분류하기 위해 훈련하는 데 드는 비용은 최대 63.6퍼센트 줄었습니다. 거기에 훈련 시간은 94.4퍼센트 감소했죠. 비용도 줄고 훈련 시간도 단축되면서 AI 기술은 점점 고도화되고 있습니다. 발전한 AI 기술을 활용하는 연구도 많아졌습니다. 구글의 딥마인드가 공개한 단백질 구조 예측 AI 툴을 활용한 연구팀은 이전 10년의 연구 결과보다 더 많은 단백질 구조를 단 3개월 만에 밝혀낼 정도입니다.

기술 혁신은 과거보다 둔화했다?

"어디를 둘러봐도 아이디어를 찾기가 점점 어려워지고 있습니다."

빠른 기술 발전 속도를 체감할 수 있는 시대에 무슨 뚱딴지같은 소리야 하겠지만, 이는 MIT와 스탠퍼드대학교 연구진이 내놓은 결론입니다. 미국의 연구 생산성은 매년 5.3퍼센트씩 감소하고 있습니다. 13년이면 절반으로 떨어지죠. 이를 상쇄하기 위해선 13년마다 연구에 투입되는 자원을 두 배로 늘려야 합니다. 인력은 물론 예산도 말입니다. 이를 유지하지 못하면 연구 생산성은 떨어질 수밖에 없겠죠.

앞에서 이야기했던 무어의 법칙을 계속해서 유지하려면 1970년대 초 필요했던 연구원보다 18배 많은 인력이 필요한 상황입니다. 이전엔 집적 회로의 집적도가 오를수록 원가가 절감됐지만 이제는 불가능한 상황인 거죠. 경제성 측면에서 더 이상 무어의 법칙을 유지할 수 없게 됐다는 겁니다. 2022년 엔비디아의 CEO 젠슨 황은 이렇게 말합니다. 무어의 법칙은 완전히 끝났다고요. 비슷한 비용으로 두 배의 성능 상승을 기대하는 건 옛일이라는 거죠.

시간이 흐를수록 논문과 특허의 창의성이 줄어들고 있다는 연구 결과[36]도 있습니다. 연구자들은 1945~2010년의 논문 2500만 개와 1976~2010년의 특허 390만 개를 분석했습니다. 이전에 있던 연구를 인용한 정도가 높다면 기존 지식을 활용하고 발전시킨 논문으로 볼 수 있고, 그렇지 않다면 자신만의 창의적인 연구를 했다고 판단할 수 있을 겁니다. 그걸 나타낸 게 CD 지수입니다. 1에 가까울수록 선행 연구를 인용하지 않은 혁신적인 연구라는 뜻입니다. 1945년부터 2010년까지 CD 지수 흐름을 보면 감소하는 추세를 보이고 있어요.

생명 과학, 물리학, 사회 과학, 기술 과학, 분야를 가리지 않고 과거에 비해 CD 지수는 모두 감소하는 경향을 보였습니다. 1945년과 2010년을 비교했을 때, 사회 과학 분야는 91.9퍼센트 감소했고, 물리학은 100퍼센트 감소했죠. 특허도 마찬가지입니다. 화학, 컴퓨터, 제약, 전자, 기계 등 특허의 주요 분야 모두 감소하는 경향을 보였어요. 컴퓨터 및 통신 특허

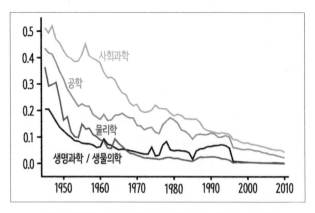

1950~2010년 논문 및 특허 분석 ⓒ일러스트: 안준석/마부작침

에서도 93.5퍼센트 감소했죠. 과거에 비해 연구과 특허의 창의성이 줄어들고 있습니다.

이런 관점에 봤을 때 챗GPT는 세상을 바꿀 파괴적인 기술일까요? 2018년 컴퓨터 과학의 노벨상이라고 불리는 튜링상을 받은 얀 레쿤은 챗GPT를 두고 훌륭한 서비스지만 혁명적이지는 않다는 평을 내렸습니다. 챗GPT는 새로운 기술이 아니라 기존에 존재하던 방법론을 공학적으로 완성도 있게 구현한 서비스라는 거죠. 사실 챗GPT를 들여다보면 구글이 발명한 트랜스포머 모델(인공신경망 모델)에 강화 학습을 적용한 서비스로 볼 수 있거든요. 물론 얀 레쿤이 오픈AI 경쟁상대인 메타의 수석 AI 과학자라는 것은 감안할 필요가 있습니다.

　　지난 수십 년간 과학 연구를 평가하는 주요 지표로 사용된 건 바로 논문 인용 횟수입니다. 다른 연구 동료들이 해당 논문을 얼마나 인용했는지에 따라 연구 성과를 판단하겠다는 건데, 일각에서는 피인용 횟수가 창의적인 연구를 막는 장애물 역할을 하고 있다고 비판합니다. 과학자 입장에서 인용될 만한 논문을 쓰는 게 유리하니까 새로운 연구 분야를 개척하는 대신 인기 있는 주제로 몰리는 상황이 펼쳐진다는 거죠. 그런 인기 있는 주제가 보통 컴퓨터 과학, 인공지능 같은 소수의 주제인 거고요.

문화, 예술에서도 발견되는 혁신의 둔화

뛰어난 과학 기술을 나무에 매달린 열매라고 생각해 보면, 새로운 아이디어를 찾는 게 어려운 일이라는 건 당연할지 모릅니다. 낮은 높이에 달려 있는 열매는 이미 사람들이 따 갔을 테니까요. 이제 남은 과일은 저 높이 달려 있는 것들뿐이니. 이를 얻으려면 시간이 더 걸릴 수밖에 없겠죠.

　　혹은 공부할 지식의 양이 너무 많아졌다는 것도 창의적인 연구를 막는 장애물이 될 수 있습니다. 하나의 분야만 공부한다고 해도 봐야 할 정보가 많은데, 그것들을 다 보는 건 사실상 불가능하니 말입니다. 그러다 보면 가장 인기 있는 논문

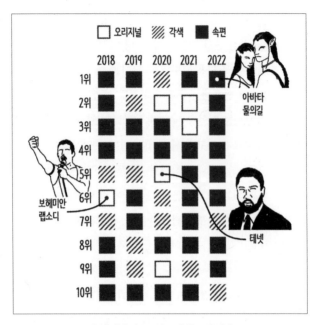

오리지널 각색 속편

	2018	2019	2020	2021	2022
1위					아바타 물의길
2위					
3위					
4위					
5위					
6위	보헤미안 랩소디				
7위					
8위					테넷
9위					
10위					

2018~2022년 전 세계 박스오피스 상위 10개 영화
ⓒ일러스트: 안준석/마부작침

위주로 볼 수밖에 없고 결국 새로운 변주를 만들어 내기 어려울 수 있겠죠. 연구뿐만 아니라 우리가 보는 콘텐츠도 비슷한 상황입니다. 넷플릭스나 유튜브 보면서 비슷한 경험을 해봤을 겁니다. 한정된 시간 내에 최고로 만족할 만한 선택을 하려면 사람들이 가장 많이 본 콘텐츠를 보는 게 안정적인 선택이 되는 거죠.

넷플릭스 이야기가 나왔으니 말입니다. 대중문화, 특히 영화계에서도 비슷한 상황이 펼쳐지고 있습니다. 20세기 할리우드를 지배한 건 새로운 이야기였습니다. 하지만 지금 영화계 대세는 속편, 아니면 코믹스를 원작으로 한 히어로물이죠. 대부분 원작을 둔 영화가 만들어지고, 또 흥행도 잘 됩니다. 과거엔 새로운 캐릭터를 창조했다면 익숙한 캐릭터를 더 견고하게 만드는 데 집중하고 있는 셈입니다. 과학, 기술의 접근과 유사하지 않나요?

2018년부터 2022년까지 5년간 전 세계 박스오피스 상위 10개 영화[37]를 모아서 분류해 봤습니다. 속편은 색을 칠하고, 원작을 각색한 작품은 빗금으로 칠해서 구분했습니다. 새롭게 만들어 낸 오리지널 영화는 칸을 비웠는데, 결과는 어떨까요? 총 50편 중 오리지널 영화는 단 여섯 편에 불과합니다. 그마저도 〈보헤미안 랩소디〉는 프레디 머큐리의 전기 영화고, 중국의 프로파간다 영화와 중국 전쟁 영화를 제외하면 크리스토퍼 놀란 감독의 〈테넷〉 정도만 남죠. 나머지는 속편 아니면 코믹스 원작을 뒀거나 리메이크 작품입니다.

챗GPT는 세상을 바꿀 파괴적 발견일까?

무엇이든 물어보면 대답해 주는 챗GPT부터 무엇이든 그려 달라고 하면 그려 주는 DALL-E2, 미드저니 같은 인공지능까지. 과거에는 상상하지 못한 일들이 우리 주변에서 바로 이뤄지고 있습니다. 이렇게 고도화된 인공지능은 인류가 생각하지 못한 새로운 아이디어를 뚝딱뚝딱 만들어 내는 혁명적인 기술인 걸까요? 아니면 점점 고도화되는 기술들을 조금 더 다듬은 훌륭한 서비스일까요?

They가 3인칭 단수로 쓰인다고?

반팔티라는 단어, 어떻게 들리나요? 혹시 불편함을 느껴 본 적 있나요? 아마도 없을 겁니다. '반팔티'에 특별히 문제가 보이진 않으니까요. 그런데 신체장애를 가진 사람들이 '반팔'이라는 단어를 들을 땐 어떨까요. 실제로 장애가 있는 사람들은 반팔티라는 말을 들을 때마다 상처가 된다고 합니다. '반팔' 대신 '반소매'라고 표현하는 게 덜 차별적이겠죠.

앉은뱅이책상, 외발 자전거, 결정 장애 등 일상 속 단어 중에 차별적 표현이 담겨 있는 경우가 왕왕 있습니다. 특정 언어를 사용하는 것 자체가 누군가에게 불편함 혹은 상처를 줄 수 있다는 겁니다. 우리가 미처 인지하지 못하고 사용해 왔던 언어에 대해 이야기해 봅니다. 특히 성차별적 언어와 그 차별을 없애기 위해 등장한 성중립 언어에 집중했습니다. 질문을 던집니다. They가 3인칭 단수 대명사로 쓰인다는 사실, 알고 있나요?

성중립 언어란 무엇인가

2018년 유럽의회에서 보고서를 하나 냈습니다. 보고서의 이름은 'GENDER NEUTRAL LANGUAGE in the Parliament'. 유럽의회에서 유럽연합의 법률을 만들거나 서로 의사소통을할 때 성중립 언어를 사용하자는 취지로 만든 겁니다. 그리고의원, 직원들에게 배포했습니다. 일종의 가이드북을 만든 거죠. 대표적인 예는 이렇습니다. 과거 EU의 법률에는 인류mankind, 인력manpower과 같은 용어를 표현할 때 남성man의 뜻이담긴 단어를 썼는데, 앞으로는 성중립적인 용어를 사용하자는 겁니다. 이를테면 인류는 humanity로 인력은 staff로 말이죠. 이처럼 성중립 언어는 성별로 대상을 특정하지 않는 걸 의미합니다.

물론 이 보고서가 법적 구속력이 있거나 무조건 써야한다는 강제 규정은 아닙니다. 권고 차원에서 만들어진 보고서거든요. 유럽의회가 성중립 언어를 사용해서 좀 더 공정하고 포용적인 의미를 담고, 젠더 고정 관념을 줄여 성평등을 달성해 보자는 차원에서 접근했다고 보면 됩니다. 언어에서 성에 대한 편견과 차별을 걷어 내자는 게 이 보고서의 지향점입니다.

대표적인 성중립 언어가 바로 They입니다. "남자를 지칭할 때는 He를 쓰고, 여자를 지칭할 때는 She를 쓰고, 그리고 여러 사람을 지칭할 때는 They를 쓴다"는 문법이 바뀌고 있습니다. 3인칭 복수 인칭 대명사로 쓰여 온 They가 3인칭 단수 대명사로도 쓰이고 있거든요. 성별을 모르거나 혹은 성별을 알리고 싶지 않은 개인을 가리킬 때 They라고 부르는 식으로 말이죠. 여기에 성별을 규정하지 않는 정체성인 논바이너리를 지칭할 때도 대명사 They를 사용하고 있어요.

사실 성중립 언어에 대한 논의는 꽤 오래됐습니다. 3인칭 단수로 쓰이는 They는 이미 2015년 미국언어연구회에서 올해의 단어로 뽑을 정도니까 말이죠. 《워싱턴 포스트》역시 2015년부터 They를 단수 대명사로도 활용하고 있기도 합니다. 미국에서 가장 오래된 사전인 메리엄 웹스터 사전에도 이 용례가 올라 있기도 해요. 2019년에는 영국 가수 샘 스미스가 자신의 정체성이 논바이너리라고 커밍아웃하면서 자신을 지칭할 때 언론에서 He나 She 대신 They를 써 달라고 요청한 일도 있었습니다.

성중립으로 변하는 언어들

영어뿐만 아니라 다른 언어를 사용하는 국가에서도 성중립 언어를 사용하려는 모습을 발견할 수 있습니다. 2015년 스웨덴 학술원은 남성과 여성을 가리지 않는 성중립 인칭 대명사를 공식 국어사전에 포함하기도 했습니다. 스웨덴어로 남성을 가리킬 땐 Han을 쓰고, 여성은 Hon을 쓰는데, 성별을 밝히지 않거나 확인되지 않을 때, 혹은 성전환 수술을 한 사람들을 지칭할 때 사용할 대명사로 Hen을 포함한 겁니다.

스웨덴에선 일찍이 1960년대부터 남성 대명사 Han을 포괄적으로 사용하는 것에 대한 비판이 있었습니다. 2010년대 들어서면서 성평등과 성중립을 위한 노력으로 성중립 대명사인 Hen이 일상생활에서 많이 사용되기 시작했습니다. 관공서뿐만 아니라 법원 판결문에도 Hen이 등장했죠. 마지막으로 스웨덴 학술원이 2015년에 공식적으로 인정을 해준 셈입니다.

독일과 프랑스에서도 비슷한 움직임이 있습니다. 그런데 영어와 스웨덴어는 상황이 조금은 다릅니다. 사실 영어, 스웨덴어는 상대적으로 성중립 언어를 적용하는 게 쉽거든요. 왜냐하면 영어와 스웨덴어는 성별이 구분된 단어가 인칭 대명사와 일반 명사 정도로 많지 않습니다. 하지만 독일어과 프랑스어는 문법 안에 성별이 들어 있는지라 상대적으로 고쳐 나가기 힘든 거죠.

예를 들면 이런 식입니다. 프랑스어는 일반적으로 남성형 명사에 e를 붙여서 여성형 명사로 만듭니다. 남성인 친구를 뜻하는 단어는 ami인데, 여성인 친구는 amie 이렇게 쓰는 거죠. 그런데 복수형으로 만들 땐 남성형 명사가 우선되는 법

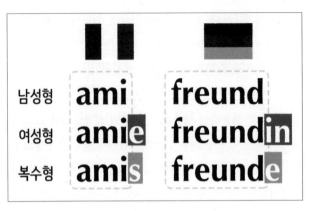

남성형	**ami**	**freund**
여성형	**ami**e	**freund**in
복수형	**ami**s	**freund**e

ⓒ일러스트: 안준석/마부작침

칙이 있습니다. '친구들'이라는 단어를 표현할 때는 남성형 명사인 ami에 s를 붙여서 amis라고 하는 식으로 말이죠. 독일어도 마찬가지입니다. 남성 친구를 뜻하는 freund에 in이 붙은 freundin이 여성 친구를 뜻하는 단어이고, 친구들은 남성형 명사인 freund에 e를 붙여서 freunde라고 표현합니다.

그러면 이런 단어를 성중립 언어로 표현하려면 어떻게 해야 할까요? 독일어는 크게 네 가지 방법을 활용합니다. 남성형 복수 단어에 여성형 복수 단어를 그냥 병렬적으로 연달아 쓰거나, 혹은 그 사이에 밑줄 문자(_), 별표(*), 슬래시(/) 이런 특수 문자를 쓰는 방법입니다. 프랑스어는 가운뎃점(·)을 표기하는 방식을 주로 활용합니다. 영어와 스웨덴어처럼 단어 하나만 바꾸면 되는 게 아니라 언어 문법 전체가 변해야 하기 때문에 상대적으로 반대하는 사람들의 목소리가 큰 상황입니다.

언어는 생각에 영향을 미친다

성평등을 위해 노력하면 될 일이지 굳이 언어까지 바꿔야 하냐고 생각할 수 있습니다. 언어는 생각을 표현하는 도구 중 하나일 뿐이라고 여길 수도 있죠. UC샌디에이고의 인지 과학자 리라 보로딧츠키 교수는 언어가 인간의 사고방식에 어떤 영향을 미치는지 연구[38]했습니다. 그는 독일어와 스페인어를 구사하는 사람들에게 길을 건너는 다리를 묘사해 달라고 했습니다. 그러자 스페인어 사용자들은 '강하다', '길다'와 같이 조금 더 남성적인 표현을 사용해 묘사했습니다. 반면 독일어를 사용자들은 '아름답다', '우아하다'는 식의 여성을 표현하는 데 주로 쓰이는 단어를 사용했죠.

왜 이런 차이가 나온 걸까요? 독일어와 마찬가지로 스페인어도 언어 안에 성별이 포함돼 있습니다. 차이는 스페인어로 다리는 남성 명사에 속하고 독일어로 다리는 여성 명사라는 거예요. 즉, 언어의 성별에 따라 사물에 대한 인식 차이가 날 수 있다는 겁니다. 언어가 단순히 표현하는 도구일 뿐만 아니라 언어를 사용하는 사람들의 생각에도 영향을 미칠 수

©일러스트: 안준석/마부작침

있다는 거죠.

성차별적 언어를 사용하는 사람들이 실제 성차별적인 인식을 가지는지, 그 영향을 분석한 자료를 봅니다. 2020년 네이처에 올라온 논문[39]인데, 39개국의 65만 7335명의 데이터를 가지고 성별 연관성을 조사한 자료입니다. 여기에 활용한 데이터는 크게 두 가지입니다. 우선 첫 번째는 각 언어별로 성 고정 관념이 어느 정도인지 수치화한 데이터입니다. 두 번째는 각 언어를 사용하는 개인의 성 고정 관념을 정량화한 데이터죠.

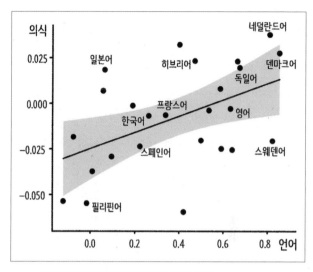

성차별적 언어가 성차별적 인식에 미치는 영향
ⓒ일러스트: 안준석/마부작침

언어 속 성 고정 관념을 측정하기 위해 총 25개의 언어를 가지고 남성Male과 여성Female이 각각 가정Family과 직업Career 중에 어떤 단어와 연관성이 더 높게 나오는지 분석했습니다. 남성-직업, 여성-가정의 연관성이 더 크면 성 고정 관념이 강한 언어로 보는 것이죠. 여기에 개인의 문화적 고정 관념을 파악하는 데 주로 사용하는 내재적 연관 검사IAT 데이터와의 관계까지 살펴봤습니다. 위의 그래프에서 알 수 있듯 두 데이터는 양(+)의 상관관계가 있었습니다. 성 고정 관념이 강한 언어를 사용하는 사람 개개인의 성 고정 관념이 더 강했다는 거죠.

유모차를 유아차로

우리나라의 성차별 언어는 얼마나 될까요? 한국어는 독일어와 프랑스어처럼 성별이 박혀 있는 언어보다 상대적으로 성 중립적이기 쉬운 언어 구조를 가지고 있습니다. 하지만 그럼에도 불구하고 한국어 곳곳에서 성차별적 언어를 어렵지 않게 발견할 수 있습니다. 2018년 여성가족부가 조사한 '일상 속 성차별 언어 표현 현황 연구'[40] 결과를 보면, 성차별 언어 표현을 한 번이라도 접해 본 사람의 비율은 응답자의 90퍼센트를 넘었습니다. 특히 성 역할에 관한 차별 표현이 91.1퍼센트로 가장 많았어요. 여성을 지칭할 때만 '여' 자를 따로 붙이는 '여배우', '여의사', '여경' 같은 단어들이 그런 예가 되겠죠.

가족 호칭에서도 남편 쪽의 친척에게는 '도련님', '아가씨'로 높여 부르지만 아내 쪽은 '처남', '처제'로 부르고 있습니다. 남성과 여성을 병렬적으로 배치할 경우에 '남녀노소', '아들딸', '남녀 공학' 등 남성이 먼저 위치하지만 비하하는 표현을 사용할 땐 '연놈'과 같이 여성을 지칭하는 말이 먼저 오기도 하고요. 여성이 앞에 와 있는 'Ladies and Gentlemen'을 '신사 숙녀 여러분'으로 뒤바꿔 번역하기도 하죠.

유모차 → 유아차

여성(母)만 포함된 단어로 평등 육아 개념과 맞지 않습니다. 아이가 중심이 되는 유아차가 성중립 언어라고 할 수 있습니다.

스포츠맨십 → 스포츠 정신

스포츠를 하는 누구나 가져야 하는 스포츠 정신에 남성(man)만 포함된 단어는 성평등에 어긋납니다.

자매결연 → 상호결연

상호 간의 관계 형성의 사회적 의미를 '자매'라는 여성적 관계로 표현해 여성에 대한 인격적 편향성을 높일 수 있다는 점에서 차별적 표현입니다.

이러한 성차별적 표현을 바꾸기 위한 노력은 곳곳에서 보입니다. 앞에 정리해 둔 건 서울시 여성가족재단에서 2018년부터 진행하고 있는 성평등 언어 사전의 일부 내용입니다. 서울시는 시민들과 함께 성중립 언어 개선안을 만들어 공표하고 있습니다. 국립국어원은 가족 호칭에 대해 아내 쪽 친척을 남편 쪽 친척의 호칭처럼 '님'을 붙여 부르는 방식을 권고했습니다.

가장 보수적인 언어가 통용되는 법령 용어도 성차별적 언어 표현이 성중립 언어로 대체되고 있습니다. 법 조문에는 여전히 '미망인'과 같이 성차별적 표현이 있거든요. 이를 바꿔 보려고 한국법제연구원이 법률을 전수 조사해서 차별 언어를 검토했습니다. 2022년 3월, 법무부 디지털 성범죄 전문 위원회는 '성적 수치심'이라는 단어를 성중립적 용어로 변경하라고 권고하기도 했습니다.

우리나라 성평등은 어디쯤?

스포츠 용어, 법적 용어, 그리고 우리 일상생활 용어 곳곳에 여전히 성차별 표현이 남아 있습니다. 사회 곳곳에 묻어 있는 성차별 표현은 우리 사회의 성차별적 구조가 남긴 흔적이라고 볼 수 있을지 모릅니다. 우리나라의 성평등 수준은 어디까지 와 있는지 한 번 짚어 볼 필요가 있습니다. 관련 지표 두 개를 분석했습니다. 하나는 UN 산하 기관 유엔개발계획UNDP에서 제공하는 성불평등 지수(GII·Gender Inequality Index)이고, 또 하나는 세계경제포럼WEF에서 발표하는 성격차 지수(GGI·Gender Gap Index)입니다.

두 지표는 약간 다른데, 우선 GII는 여성이 어떤 수준의 삶을 살고 있는지를 판단한 절대 평가 점수라고 할 수 있습니다. 반면 GGI는 남성과 여성 사이의 차이를 가지고 만든 상대

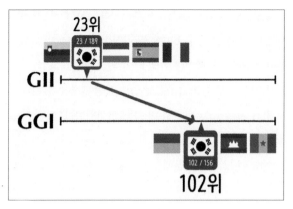

평가 점수죠. 또 활용하는 데이터도 차이가 있어요. GGI에는
사회 경제적 지표가 포함돼 있습니다. 사회 경제 분야에서 남
성과 여성의 지위를 비교할 수 있는 직업 내 성비, 임금 격차,
여성 장관 수 등의 수치가 GGI에는 한 축으로 자리 잡고 있
습니다. 반면, GII에는 포함돼 있지 않아요. GII에는 건강과 교
육 데이터가 중심입니다. 모성사망비와 청소년 출산율처럼
조금 더 직접적으로 여성의 삶의 질을 파악할 수 있는 데이터
를 포함한 거죠.

　　2020년 기준으로 우리나라의 GII 순위는 전 세계 189
개국 중 23위입니다. 아시아 국가 중 일본에 이은 2위를 기록
할 정도로 높은 수치죠. 반면 GGI는 2021년 기준으로 156개

국 중 102위로 하위권입니다. 인도네시아, 캄보디아, 세네갈과 비슷한 수준입니다. GII와 동일한 시점으로 비교하면 2020년엔 153개국 중 108위로 더 순위가 낮습니다. 한마디로 정리하면, 여성 삶의 수준GII은 선진국 수준으로 올라왔지만 성별 간 격차GGI는 여전히 전 세계 하위권이라고 할 수 있습니다.

2021년 양성평등 실태 조사[41]에서도 여전히 우리 사회가 불평등하다는 인식이 많이 남아 있습니다. 여성의 65.4퍼센트, 그리고 남성의 41.4퍼센트가 우리 사회가 전반적으로 여성에게 불평등하다고 답변할 정도거든요. 특히 20대와 30대 여성은 70퍼센트가 넘는 비율로 여성이 불평등한 사회를 살고 있다고 답변했습니다.

성중립 언어, 필요할까?

성중립 언어가 성차별을 막는 역할을 할 수 있을까요? 적극적으로 성중립 언어를 만들고 사용하는 해외에서도 적지 않은 갈등이 벌어지고 있습니다. 프랑스에선 성중립 대명사 iel이 프랑스어 사전에 추가된다고 하자 엄청난 논쟁이 벌어지기도 했죠. 실제로 사용하고 있는 만큼 그 흐름을 반영해서 사전에 추가해야 한다는 입장과 언어 문법에 혼란을 가져올 것이라며 반대하는 입장이 팽팽히 맞섰습니다.

독일도 비슷합니다. 이미 성중립 언어를 사용하는 사람들이 있지만 2021년 여론 조사 결과를 보면 응답자의 65퍼센트가 성중립 표현은 너무 길고 불편하다는 이유로 부정적인 의견을 내고 있거든요. 새롭게 만들어지는 언어를 다 받아 주면 기존 문법 체계가 붕괴할 수 있다고 우려하는 사람도 많습니다. 차별적 표현을 막기 위해 성중립 언어를 적극적으로 사용하는 게 맞을까요? 아니면 언어까지 고치는 건 불필요한 사회적 비용을 초래하는 일인 걸까요?

주

1 _ 통계청, 〈장래인구추계:2020~2070년〉, 2021년.

2 _ 국회예산정책처, 〈2020 NABO 장기 재정전망〉, 2020.

3 _ 한국경제연구원, 〈이대로 가다간 90년생부턴 국민연금 한 푼도 못받아⋯⋯.연금개혁 시급〉, 2022.1.13.

4 _ 국민연금재정추계위원회, 〈제4차 국민연금 재정계산 장기재정전망 결과〉, 2020.

5 _ OECD, 〈Pensions at a Glance 2021〉, 2021.

6 _ 한국생명존중희망재단, 〈국제 자살통계〉

7 _ 보건복지부, 〈2018 자살실태조사〉, 2019.

8 _ Yip PS et al., 〈The effects of a celebrity suicide on suicide rates in Hong Kong〉, 《J Affect Disord》 93(1-3), 2006.

9 _ Jihoon Jang, Woojae Myung, and Hong Jin Jeon, 〈Effect of suicide prevention law and media guidelines on copycat suicide of general population following celebrity suicides in South Korea, 2005 – 2017〉, 《Sage Journals》 56(5), 2021.

10 _ Lauren A Rutter et al., 〈Social Media Use, Physical Activity, and Internalizing Symptoms in Adolescence: Cross-sectional Analysis〉, 《JMIR Ment Health》 8(9), 2021.

11 _ 군중 안전 및 군중 위험 분석에 관한 데이터는 Crowd Risk Analysis Ltd 홈페이지(https://www.crowdrisks.com/)에서 확인할 수 있다.

12 _ 서울교통공사, 〈지하철혼잡도정보〉, 2023.04.21.

13 _ Ed Cumming et al., 〈The rewriting of Roald Dahl〉, 《Telegragh》, 2023.2.24.

14 _ Carmen Fought and Karen Eisenhauer, 〈A quantitative analysis of gendered compliments in Disney Princess films〉, 2016.

15 _ 백정국, 〈언어적 유토피아의 불편함: 정치적으로 올바른 고전동화의 역설〉, 《아동청소년문학연구》 29, 2021, 177-209쪽.

16 _ 얀 마텔(공경희 譯), 《파이 이야기》, 작가정신, 2020.

17 _ UN, 〈World Population Prospects 2022〉, 2022.

18 _ IPBES, 〈Global Assessment Report on Biodiversity and Ecosystem Services〉, 2019.

19 _ FAO, 〈Global Forest Resources Assessment 2020〉, 2020.

20 _ WWF, 〈Living Planet Report 2022〉, 2022.

21 _ Marlee A. Tucker et al., 〈Moving in the Anthropocene: Global reductions in terrestrial mammalian movements〉, 《Science》 359(6374), 2018.

22 _ Kim Hyojin and Ng Jason, 〈Prevalence of Color Vision Deficiency in an Adult Population in South Korea〉, 《Optometry and Vision Science》 96(11), 2019.

23 _ 정보통신기획평가원, 〈2022년 웹 접근성 실태조사〉, 2023.

24 _ 이은정 외 3인, 〈전국동시지방선거 투표용지 색도 개선 연구: 색각이상 유권자의 구분 가능성 향상과 한국표준색채정보를 따르는 개정안 제안〉, 《Archives of Design Research》 25(2), 2022.

25 _ 크렙, 〈우리나라 남성 10명 중 1명은 갖고 있다는 이 '증상'〉, 2023.1.9. / 사물궁이
잡학지식, 〈색맹 · 색약이 보는 세상은 어떨까?〉, 2023.3.18.

26 _ Imogen E. Napper and Richard C. Thompson, 〈Release of synthetic
microplastic plastic fibres from domestic washing machines: Effects of fabric
type and washing conditions〉, 《Marine Pollution Bulletin》 112(1 – 2), 2016,
pp39–45.

27 _ 자원순환정보시스템, 〈전국폐기물 발생 및 처리현황(생활, 사업장일반)〉, 2003-
2021.

28 _ WWF, 〈Palm Oil Buyers Scorecard 2021〉, 2021.

29 _ 가온차트, 〈2021 연간차트 리뷰〉, 2022.

30 _ RIAA, 〈2022 RIAA Shipment & Revenue Statistics〉, 2022.

31 _ Brennan, M. and Archibald, P., 〈The economic cost of recorded music:
findings, datasets, sources, and methods〉, 2019.

32 _ 한국은행, 〈최근 현금없는 사회 진전 국가들의 주요 이슈와 시사점〉, 2020.

33 _ 한국은행, 〈2019년 지급수단 및 모바일금융서비스 이용행태 조사결과〉, 2020.

34 _ BIS Statistics(https://stats.bis.org/statx/srs/table/CT5)에서 제공하는 'Use
of payment services/instruments: volume of cashless payments' 데이터를 활용
했습니다.

35 _ 다중코어 아키텍처, 반도체 장치 시뮬레이션을 연구하는 전산과학자 karl rupp의
데이터 입니다. 그 중 트랜지스터 데이터만 활용해 시각화했습니다.

36 _ Michael Park, Erin Leahey and Russell J. Funk, 〈Papers and patents are

becoming less disruptive over time〉, 《Nature》 613, 2023, pp138-144.

37 _ Numbers, 〈All Time Worldwide Box Office〉, 2019-2022.

38 _ TED, 〈How language shapes the way we think | Lera Boroditsky〉, 2018.5.2.

39 _ Molly Lewis and Gary Lupyan , 〈Gender stereotypes are reflected in the distributional structure of 25 languages〉, 《Nature Human Behaviour》 4, 2020, pp1021-1028.

40 _ 한국여성정책연구원, 〈일상 속 성차별 언어표현 현황 연구〉, 2019.

41_ 여성가족부, 〈성평등 체감도 상승했으나 일터와 돌봄의 성별 불균형, 여성폭력 현실에 높은 문제의식〉, 2022.4.19.

북저널리즘 인사이드   숲이 아닌 나무를 볼 때

흔히 나무가 아닌 숲을 보라고 말합니다. 어떤 일에 있어서 한 면만 보고 오해하지 말고 전체를 보라는 뜻입니다. 신문, 방송 기사는 사회를 보는 창입니다. 사회 전반의 문제를 담아내는 기사는 나무보다 숲에 가깝죠. 그러다 보니 기사 속 내용이 개개인의 삶에 어떤 영향을 끼치는지는 알기 어렵습니다.

이대로라면 2055년 국민연금 재정이 고갈되고, 그 시점에 연금 수령 조건이 채워지는 1990년생은 국민연금을 받지 못할 수 있다는 기사가 대표적입니다. 이 기사는 연금을 내고 받는 모든 국민에게 가깝게 느껴질 겁니다. 하지만 재정 상황은 정확히 어떤지, 만약 사실이라면 어쩌다 이렇게 됐는지, 그래서 정말 받을 수 없는 건지, 모든 내용을 담기엔 기사에 허락된 지면이 너무 작습니다. 기사를 읽어도 읽어도 문제가 심각하다는 것만 알게 될 뿐입니다.

기사 한 편에 담기에 세상은 너무도 복잡하고 시끄럽습니다. 우리는 그런 세상에서 판단과 선택을 하며 살아가야 하죠. 명쾌한 해답 없이 불안함만 커집니다. 안혜민 기자는 무언가 어렴풋하게만 알고 있는 상황이 이어져 두렵다면 마부뉴스가 그 해결책이 될 수 있다고 말합니다. 그래서 질문을 던지며 글을 시작합니다. "90년생은 국민연금을 못 받을까요?" 사실 이 질문은 반문에 가깝습니다. 90년생은 국민연금을 못 받을 것이라는 불안에 대한 반문 말입니다. 그리고 데이터를 통해서 불안 속에 숨어 있던 진실을 발굴하죠.

그렇다면 불안은 어디서 왔을까요? 안혜민 기자는 관용과 배려를 외치는 목소리의 힘이 약해지고 있다고 말합니다. 관용, 배려 그리고 다양성까지. 물론 우리 사회에 필요한 것들입니다. 그런데 누군가 "그래서 이것들이 진짜 우리 사회를 바꾸고 있는지" 묻는다면 명쾌한 답을 내놓기는 어렵습니다. 좋은 것을 좋다고 설명하는 것도 백번 반복하면 말하는 사람도 듣는 사람도 지치기 마련이죠. 마부뉴스가 데이터라는 새로운 언어를 찾은 이유입니다.

《설명하기 지친 사람들을 위한 데이터》는 디즈니 프린세스 시리즈 열두 편의 대사를 하나하나 따져, 사회에서 이어져 온 차별을 설명합니다. 24개에 달하는 웹 접근성의 원칙을 통해, 우리 사회가 색각 이상자를 얼마나 배제하고 있는지 보여 줍니다. 그리고 미국 대법관의 정치 성향을 점수화합니다. 이는 곧 사회의 다양성에 대한 점수이기도 하죠. 그렇게 숲으로 존재하던 기사 속 이야기는 데이터를 통해 조금씩 선명해집니다.

하지만 마부뉴스는 데이터만이 답이라고 말하지 않습니다. 객관적인 데이터를 놓고 말하지만, 반박 불가한 것은 아니라는 겁니다. 모든 글 끝에 질문을 통해 틈을 열어 놓습니다. 각자의 의견은 무엇인지, 또 다른 가능성은 무엇이 있는지 생각하게 만듭니다. 데이터를 해석하고 내 삶에 적용하는 것, 그것이 마부뉴스가 말하는 데이터의 효용입니다.

뉴스 속에는 온통 문제가 되는 이야기뿐입니다. 각자의 경험에 따라 관심이 가는 주제도 그렇지 않은 주제도 있을 겁니다. 이를 멀리서 본다면 '사회 갈등' 정도로 말할 수 있을 겁니다. 하지만 세세하게 들여다보면 저마다 다른 입장이 너무나 많습니다. 마부뉴스는 데이터를 통해 이렇게 복잡한 사정까지 짚어 냅니다. 내가 사는 세상만이 아니라 함께 살아가는 사람들을 이해할 수 있도록 말입니다.

숲을 가까이 살펴보면 나무 한 그루 한 그루가 촘촘하게 연결돼 있습니다. 그렇게 만들어진 숲은 다른 식물과 동물들의 보금자리가 되기도 하죠. 세세하게 들여다볼 때, 비로소 문제의 뿌리와 가능성을 찾을 수 있습니다. 데이터는 모두가 숲을 볼 때 나무를 볼 수 있게 돕습니다. 문제가 너무 커서 혹은 너무 많아서 설명하기 지친 사람에게 데이터라는 새로운 언어를 권합니다.

정원진 에디터